中国少数民族人口丛书

侗族

翟振武 主编

邓敏文/著

中国人口出版社
China Population Publishing House
全国百佳出版单位

图书在版编目（CIP）数据

侗族/邓敏文著．—北京：中国人口出版社，2012.12（2022.7重印）

（中国少数民族人口丛书）

ISBN 978-7-5101-1514-1

Ⅰ．①侗…　Ⅱ．①邓…　Ⅲ．①侗族—民族文化—中国　Ⅳ．①K287.2

中国版本图书馆 CIP 数据核字（2012）第 288332 号

中国少数民族人口丛书　侗族

ZHONGGUO SHAOSHU MINZU RENKOU CONGSHU　DONGZU

翟振武　主编　　邓敏文　著

责任编辑　张宏文
美术编辑　刘海刚
责任印制　林　鑫　王艳如
出版发行　中国人口出版社
印　　刷　北京兴星伟业印刷有限公司
开　　本　710 毫米 ×1000 毫米　1/16
印　　张　9.5　插 1
字　　数　132 千字
版　　次　2012 年 12 月第 1 版
印　　次　2022 年 7 月第 2 次印刷
书　　号　ISBN 978-7-5101-1514-1
定　　价　40.00 元

网　　址　www.rkcbs.com.cn
电子信箱　rkcbs@126.com
总编室电话　(010) 83519392
发行部电话　(010) 83510481
传　　真　(010) 83538190
地　　址　北京市西城区广安门南街 80 号中加大厦
邮　　编　100054

中国少数民族人口丛书编委会

序

如果把一个民族比作一颗星星，那我们就是生活在一个繁星满天的世界。当今世界上有约3000个民族，分布在200多个国家和地区，绝大多数国家由多个民族组成。中国也是同样，是由各族人民共同缔造的统一的多民族国家。在漫漫的历史长河中，生活在中华大地上的各族人民密切往来、交流融合、团结奋斗、休戚与共，形成了一个伟大的强盛的中华民族大家庭，共同开发了祖国的美好河山，共同推动了国家的发展和社会的进步。

在中华民族的大家庭中，有56个成员，其中有55个是少数民族。新中国成立以来，少数民族人口一直持续增长。1953年第一次全国人口普查时，少数民族人口总数为3532万人，占全国总人口的6.1%。2010年进行第六次全国人口普查时，少数民族人口总量达到了1.14亿，几乎是1953年的3倍，占到了全国13.4亿人口的8.5%。各少数民族人口数量相差较大，如壮族有1693万人，回族1059万人，满族1039万人，维吾尔族1007万人，而赫哲族只有5354人，塔塔尔族3556人，独龙族6930人。中国各民族的人口分布呈现大散居、小聚居、交错杂居的特点。汉族地区有少数民族聚居，少数民族地区也有汉族居住；许多少数民族既有一块或几块聚居区，又散居全国各地。中国少数民族聚居区大都地广人稀，资源富集。少数民族地区的草原面积，森林和水力资源蕴藏量，以及天然气等基础储量，均超过或接近全国的一半。全国2.2万多公里陆地边界线中的1.9万公里在民族地区。全国的国家级自然保护区面积中民族地区占到85%以上，是国家的重要生态屏障。中国各民族的起源和经济、社会、文化的发展有着本土性、多元性、多样性的特点，五彩缤纷，丰富多彩。

要全面认识中华民族，就要从认识每一个民族开始。正是从这个理念出发，我们编写了这套《中国少数民族人口》大型系列丛书，力图从历史、文化、经济、社会等各个方面，用准确、科学、生动的语言，全方位描述和展现各少数民族灿烂辉煌的历史和现状，编织出一幅绚丽多彩的中华民族大家庭的“全家福”。

编写这样一套大型系列丛书，难度非同一般。几经论证和深入研讨，最终形成了编写大纲，这套丛书各个分卷的作者绝大多数由少数民族作家担任，他们不仅熟悉自己民族的历史和文化，而且对本民族有深厚的感情。在国家新闻出版总署、国家人口计生委和中国人口出版社的大力支持下，作者们历经数年，几易其稿，终成此书。值此丛书出版之际，我们衷心地祈愿这幅“全家福”能为民族的交流和团结，为中国的文化建设，为整个中华民族的繁荣昌盛，作出一份微薄的贡献。

翟振武

2012年5月于北京

PREFACE

Every nationality sparkles like a star in the firmament. Now we have about 3000 stars distributed across the world in more than 200 countries, most of which are multinational. So is China, which consists of a number of nationalities. For centuries, all the nationalities have lived together, worked together and fought together, making China a prosperous unified multinational country.

Of all the 56 nationalities in China, 55 are minorities whose population has been increasing since the founding of The People's Republic of China. According to the first census in 1953, the minority population was about 35. 32 million, accounting for 6. 1 percent of China's total population. By 2010, the number had almost tripled. According to the sixth census, the population of the minorities amounted to 114 million, making up 8. 5 percent of the 1. 34 billion people in China. The population size of minority groups varies a lot. Some of them have a large population, for example, the Zhuang Nationality has a population of 16. 93 million; the Hui has 10. 59 million people and the Manchu consists of 10. 39 million people. Some of the minorities are quite small, such as the Hezhe, the Tatar and the Drung nationalities, which have populations of 5354, 3556 and 6930, respectively. China's nationalities live together over vast areas with some living in individual, concentrated communities in small areas.

Some minorities' concentrated communities are scattered among the Hans, and some Han people also live in the minority communities. Some minorities may have one or more concentrated communities, while their people spread all over the country. Most minorities' concentrated communities have their people sparsely distributed in large areas with abundant resources. The grassland, forest, water and natural gas reserves in areas inhabited by minority people account for about half of China's total. Further, 19 000 kilometers of the nation's 22 000-kilometer land boundary are in minorities' communities. In addition, 85 percent of the country's state-level natural reserves are in the minority areas, making the people important guardians of China's ecology. Each of the nationalities' origin is unique, and their development of economy, society and culture is full of variety.

Only by learning every aspect of the minorities' lifestyle can we have a comprehensive understanding of the Chinese nation. Under this notion, we write this series of books on the Population of China's Minorities to provide a detailed picture of our Chinese nation, with the glorious past and prosperous present of the country's minorities.

It is through trials and tribulations that we write this spectacular series of books. Most of the authors, who have profound knowledge of the minorities and wrote the books with their strong emotions, are members of minority groups. With the great support of the National Publication Foundation, the National Population and Family Planning Commission and China Population Publishing House, the authors completed the books after years of unremitting endeavor.

On the publication of this series of books, we are looking forward to seeing these books contribute to the unity of the Chinese nation and help our country flourish in the future.

Zhenwu Zhai
Beijing
May 2012

目录

综　述

崇尚和谐的民族

侗族是一个崇尚和谐的民族。走进侗乡，你会感觉到和谐的气息扑面而来。

映入眼帘的，首先是人与自然的和谐。侗族村寨依山傍水。村前近处，河水清清，鱼翔浅底，鹅鸭嬉戏。村前远处，稻秧青青，禾叶飘香。花桥跨河而架，将村寨和稻田连在一起。村后低处，翠竹婆娑，雨后春笋破土而出。村后高处，杉林葱茏，蝉鸣鸟叫，吹奏着人与自然的交响曲。

走进侗寨，鼓楼巍峨，耸立寨中，那是侗族村寨最显著的标志，也是侗家人议事、娱乐的重要场所。鼓楼内，篝火通红，歌声悠扬，笑声朗朗。鳞次栉比的吊脚木楼如繁星捧月将鼓楼团团围住，那是侗家人的栖身之处，起居之所。寨内鱼塘，碧水汪汪，既可养鱼，又可防火，侗家人的灵性也在其中。鼓楼上或鼓楼边的戏台是逢年过节最热闹的地方，侗家人的喜怒哀乐在他们自编自演的侗戏中得到再现。每个侗寨，都有一座朴实神圣的萨岁堂，那是侗家人的信仰中心或崇拜中心。通过这里，我们可以想象到侗民族人神和谐的悠远历史。

侗族是由中国南方百越族群中的一支或几支发展而来，古称“峒人”或“峒民”。据 2010 年第六次全国人口普查数据显示，全国侗族总人口为 2 879 974 人，主要聚居在贵州省、湖南省及广西壮族自治区比邻的溪流河谷沿岸。侗族内部虽有“北侗”和“南侗”的地域区分，也有“更佬”、“更侥”、“更镡”等不同的支系称谓，但整体称谓是统一的。侗族各支系在历史上和睦相处，从来没有发生过支系与支系之间的内部战争，与周边苗族、瑶族、壮族、汉族等兄弟民族也能和平共处，友好交往。

侗族历史上长期存在的民间自治和自卫组织——“款”组织是维系侗族社会内部安定团结的重要组织形式，也是侗族社会内部进行自我教育或自我约束的重要组织形式。古代侗族社会“路不拾遗、夜不闭户”的和谐环境在很大程度上有赖于“款”组织的严格管理。

侗族人民勤劳善良，但也不是任人宰割的羔羊。在无数次的民族自卫或国家革命战争中，造就了无数的英雄豪杰，如被侗家人崇敬为神的萨岁、杨再思、吴勉等；北伐名将王天培、革命先驱龙大道、开国大将粟裕、红军“大管家”杨至成等。

侗族是一个以农为本的民族。侗家人主种水稻，在历史上以种植糯稻为主。糯稻田终年蓄水，习称“软田”。“软田”就像千千万万座小型水库，而且是层层叠叠，沿山而建，山有多高，田有多高，水有多高。“软田”既可防洪，也可防旱。遇到雨天，“软田”将雨水积蓄起来，并不断补充地下水，预防洪涝。遇到晴天，“软田”的水不断蒸发，生成云雨，普降大地，预防干旱。这就是侗家人与天和谐的一种杰作。“软田”既可种稻，也可养鱼养鸭；鸭粪喂鱼，鱼粪养稻，稻谷养人，侗家人创造的原始循环生态农业对现代生态农业仍有重要的启迪意义！

侗族人兼营林业。侗家人与山相依，与林相伴，崇拜古树，视树为神。侗族地区的青山绿水，与侗民族爱树、崇树、植树、护树的优良传统不无关系。侗族是中国最早学会人工栽培杉树的民族，早在1600 多年以前的东晋时期，侗族的祖先就已经用自己勤劳的双手种植

了棵棵杉树，片片杉林。侗族社会不仅有崇拜古树的传统习俗，还有严禁乱砍滥伐的民间规约。这些规约，对现代生态环境保护也有重要的参考价值。

由于侗族聚居地区林多树多木头多，于是造就了许许多多木质建筑的能工巧匠。如雄伟的侗寨鼓楼，巍峨的侗乡花桥，因地制宜的吊脚民居，多姿多彩的侗寨寨门和侗乡凉亭等，都是享誉中外的木质建筑的代表作。

侗族语言优美动听。侗语是世界上声调最多的语言。侗语总共有15个声调，其中包括9个舒声调和6个促声调，所以侗族人说话像唱歌一样好听。侗族在历史上虽然没有本民族通用的文字，但侗族人虚心学习汉语汉文，并很早就学会了借用汉字来记录本民族的语言，因而留下了许多像《越人歌》那样的“歌书”、“款书”等文献典籍。

独特的生存环境，独特的生产方式，独特的历史遭遇，造就了独特的风俗习惯。侗家人的风俗习惯原始古朴，来源久远，如侗不离酸、烧鱼之趣、路遇礼节、拦路迎宾、行歌坐夜、玩山赶坳、不落夫家等。这些风俗习惯，都表现出侗民族所独有的生活方式和性格特点。

侗族也是一个善于进行艺术创造的民族。侗族民歌种类繁多，各地不同名称、不同曲调、不同演唱形式的侗歌不下百种。优美绝伦的侗族大歌是侗家人艺术创造的珍品，是人类口头及非物质文化遗产的代表作，也是人与自然和谐的艺术典范。侗族大歌以歌唱自然、歌唱劳动、歌唱爱情为主要内容；以模仿蝉鸣鸟叫、流水吹风等自然物的声音为其主要表达方式；以多声部、无指挥、无伴奏、无固定曲谱为其主要艺术特点。歌师、戏师在侗族社会中受到人们的广泛敬重，如远古时代的朱富，中古时代的四也，近古时代的吴朝向、陆大用、吴文彩都是侗族历史上最著名的歌师或戏师。如今古老的侗族大歌已经飞出侗乡，漂洋过海，走向全国，飞向世界。

如果说侗族祖先一直处于被欺凌、被排挤、被剥削、被压迫的历史地位，那么中华人民共和国成立以后，在党和国家民族平等政策的光辉照耀下，侗族人民终于成了国家的主人。如贵州黔东南成立了苗族侗族自治州，广西三江，湖南新晃、通道、芷江，贵州玉屏先后成立了侗族自治县，此外还有龙胜各族自治县、靖州苗族侗族自治县以及湖北鄂西的几个侗族乡等。

如果说侗族聚居地区一直处于交通闭塞、信息不灵的落后状况，直至20世纪50年代许多侗族聚居县还没有公路连通，许多侗族人还不知火车、汽车为何物，那么自20世纪80年代“改革开放”以后，侗族聚居地区的交通和通信状况已经或正在发生巨大变化。如湘黔铁路、枝柳铁路从侗族聚居区穿插而过。侗族聚居人口最多的黎平县有了飞机场。经过侗乡的高速铁路和高速公路也正在加紧修建。如今，侗族聚居地区的通信状况也已经有了很大改善，几乎所有的侗族村寨都可以听到广播，看到电视，许多侗族农民也用上了手机甚至是互联网。

人是万物之灵，人的变化是最根本的变化。20世纪80年代以后，侗家人的眼界、知识、智慧、观念都发生了翻天覆地的变化。知识不断提升，眼界不断扩大，智慧不断丰富，观念不断更新。而知识、眼界、智慧、观念又都和教育有关，所以，教育的发展程度是衡量一个社会或一个民族发展程度的重要指标。以侗族聚居人口最多的贵州省黎平县为例，1963年，该县只有15位高中毕业生，其中，只有3位高中毕业生考上大学。2012年，仅黎平一中就有1764名高中毕业生参加高考，虽然我们还不知道究竟有多少学生能考上大学，但从历年的录取情况来看，至少有1000名以上的考生可以圆大学梦。其中肯定会有一半以上是侗人子女。由此可知，侗家人的素质正在发生根本性的变化。随着侗人素质的不断提高，侗族社会的不断进步也就不成疑义了。

第一章

悠久的民族历史

侗族是一个拥有悠久历史的民族。从远古的神话传说到近现代文字记载，侗民族的历史变迁一脉相承。在历史长河中，侗民族造就无数的英雄豪杰，为中华民族和祖国大家庭的团结、繁荣、发展作出自己独特的贡献。本章将向读者概括性地介绍侗族的远古神话传说、侗族的族源与族称、侗族古代社会的知名人物、革命大潮中的侗族精英等。

第一节　侗族的远古神话传说

一、龟婆孵蛋生人类

人类从哪里来？这是全人类共同关心的一个大问题，侗族人民也不例外。侗族祖先们根据自己的经验提出了自己的认识。这些认识主要反映在侗族远古神话传说之中。如《龟婆孵蛋在溪边》讲：

四个龟婆来孵蛋，
龟婆孵蛋在溪边。

因为溪边不好坐，
四个龟蛋坏三个，
有个白蛋生松桑。
……
地上阳间一个人，
一人在世太孤单。
龟婆孵蛋在坡脚，
因为坡脚不好坐，
四个龟蛋坏三个，
有个白蛋生松恩。

侗族传说松桑是人类的女始祖，松恩是人类的男始祖。后来松桑和松恩结成夫妻，先后养育了蛇名郎、龙名郎、虎名郎、猫名郎、雷婆、狗名郎、猪名郎、鸭名郎、鹅名郎、熊名郎和姜良、姜妹共十二个兄弟姐妹。其中只有姜良和姜妹属于人类。其他都是与人类同宗共祖的普通动物或自然物。这是万物有灵观念结出的神话之果，也是侗族祖先“天人合一”哲学思想的具体表现。

那么，侗族祖先为什么要认定“龟”为人类的始祖呢？这是一个很值得我们共同探讨的学术问题。大家知道，“龟”是一种现存的最古老的水陆两栖动物。中国古代文献中多有关于龟的记载。如《山海经》中就已经有关于“旋龟”的记载，《抱朴子·论仙》、《洛书》、《洪范·五行》、《淮南子》等书也有关于龟的记载。侗族人认为“龟”是人类及蛇、龙、虎、猫等动物的老祖宗应该不是凭空而来。更有意思的是，侗族人认为人类及其他相关动物都来源于单细胞的卵生——“龟婆孵蛋”。而且侗族人还认为，“蛋”是生命的本源，某家生了小孩，必须煮“红蛋”表示庆贺。后来逐步演变成一种吉祥物。这与生物学的某

些观点不谋而合。这是什么原因？也很值得我们认真探讨。

从这段侗族创世古歌中我们还可以看出，侗族祖先认为：人类最早来源于自然，来源于“龟婆孵蛋”，而且人类与蛇、龙、虎、猫、雷、狗、猪、鸭、鹅、熊等生物或非生物同宗共祖，他们都是松桑、松恩的子孙。这种同宗共祖的原始意识，反映了侗族先民对自身及客观世界的初始认识，尽管这种认识并不成熟，但从生命的本源思考，这种认识也不是没有道理。联想到侗族人民依山傍水的居住环境，更让我们不难理解“龟婆孵蛋”的历史含义和现实含义。

自然是人类的母亲，人类来源于自然。自然不仅仅是人类的创造者、养育者，自然也应和人类一样，作为宇宙世界的平等主体。尊重自然，敬畏自然，摒弃人类中心主义价值伦理观，摒弃现代社会无节制的物质欲望、奢侈消费和享乐观念，倡导人与自然的和谐相处，也是“龟婆孵蛋”这则古老神话给予我们中华民族的一个重要启示。

二、姜良姜妹继人烟

由于松恩和松桑生养的十二个孩子都很淘气，在一次相互玩耍的过程中不慎引发大火，结果把雷婆的裙子给烧坏了。雷婆恼羞成怒，跑到天上去泼大水，引发洪水滔天，淹没大地，如神话中说：“到了正月壬子日，天上开始把雨落。一直落到九月壬午日，从来未停过。”大雨连下九个月，“地上人群埋沙底，坡上大树沉下河。遍地洪水水连天，世上已经无烟火。”

灾难中，姜良和姜妹兄妹两人，只好钻进一个大葫芦瓜里躲藏。葫芦瓜如诺亚方舟，随着洪水涨落漂浮，才保全了兄妹两人的性命。为了继承人烟，繁衍人类，姜良和姜妹不得不兄妹成亲。九个月后，姜妹生下了一个怪胎：“一个肉团团，长得实在丑。”于是，姜良和姜妹只好将怪胎砍烂剁碎，扔进深山。谁知那个被砍烂的怪胎却变成各个民族：

肉变成了侗族，所以侗族人性格温柔；

骨头变成了苗族，所以苗族人性格刚强；

肠子变成了汉族，所以汉族人聪明伶俐；

脾肺变成了瑶族，所以瑶族人喜欢穿着各种颜色的花衣裳。

透过这则各民族同宗共祖的神话传说，我们可以看出侗族祖先那种包容世界的宽阔胸怀。直至今日，侗族人民还把姜良和姜妹视为男女社交和婚配嫁娶的创造者。如《婚姻之源》古歌中唱：

因为大姑娘不会打扮，
因为小伙子不会找伴，
老年人不会张罗迎亲，
小伙子不会张罗娶妻，
姑娘们不会张罗出嫁，
老年人不会张罗吹芦笙，
年青人不会张罗“为也”。

后来石公在山上造牛腿琴，峨寐在送洞造琵琶，九勺在八峒会造笛子，十洞的金注会造芦笙。甫荣会吹唢呐，宗咎会吹笛子，甫勇会弹琵琶，宗华会拉牛腿琴。男的听到琵琶声以歌相配，女的听到笛子声用歌相随。老年人才会张罗迎亲，小伙子才会张罗娶妻，大姑娘才会张罗出嫁，老年人才会张罗吹芦笙，年轻人才会张罗“为也”。

这是咱们祖公老年时代的发明，
这是咱们祖婆青年时代的创造，
姜良姜妹开创了青春时期的欢乐。

“为也”是侗语“weex yeek”[①] 的音译语词，其本意就是结交朋友。如今许多侗族青年男女结婚，都要请老人来朗诵这首祭祀姜良姜妹的古老念词。有的村寨还在桥头路边建造姜良姜妹的神像。

三、祖公上河找幸福

因为战争、灾荒或其他原因，中国历史上曾经发生过多次“大移民”的情况。如秦代中原 50 万大军携家带口“南开百越”；晋代中原 700 万人渡江南迁；唐代大批中原汉人南奔，致使中国经济文化中心从黄河流域南移至长江流域，李白当时有诗叹曰：“三川北虏乱如麻，四海南奔似永嘉”[②]；宋代大约有 500 万人从中原逃亡到江、浙、湖、湘、闽、广等地。如果说由北向南“大移民”是中国南北文化的大融合，那么由东向西的“小迁徙”则是中国各民族成分的大杂居。正是这种由北向南、由东向西主动或被动的“大移民”，才造成了中国各民族大杂居小聚居的分布格局，才带来了中国各民族文化的相互交流和相互借鉴。侗族“迁徙史诗”——《祖公上河》就生动地讲述了侗族祖先辗转迁徙的艰难历程：

现在我不讲哪样，
单讲从前我们的祖先。
不知是从哪里来啊？
从那梧州边音州河那里来。
那个地方啊，
有水没有高地，

---

① 这是 1958 年由国务院批准创制的记录侗语的侗文方案。其读音与汉语拼音方案大体相同，只是每个音节的最后一个字母是调号，不参加拼读，只表示声调高低。下同。

② 李白《永王东巡歌》。

有人没有田塘。
没有土地开荒，
没有田塘种粮。
那才住不安、穿不暖。
从这时候起，
公公才不肯留守，
父亲才不肯居住，
我们才逃离迁移，
沿着这条河往上走。

歌中所说的“梧州”是指今广西梧州一带。“音州”指今广西贵港市一带。“这条河”就是指珠江及其上游都柳江。由此可知，今日湘、黔、桂边界的一部分侗族祖先是从梧州等地迁徙来的。迁徙的主要原因是“有水也没有高地，有人也没有田塘；没有土地开荒，没有田塘种粮”。主要是自然原因，其中可能也有战争原因。今日侗族人民，主要聚居在湘、黔、桂边界地区的河溪两岸，侗族村寨都依山傍水。这也是侗家人居住的主要特点。这是因为侗族是一个以种植水稻为主的民族，没有河，没有水，就没有稻田。没有稻田，就没有粮食，就无法生存，所以他们要沿河而上去寻找新的家园。史诗还形象地描述了侗族祖先在迁徙路上的艰难困苦：“挑起行李上珠江，逃上雪山奔冰岭，日夜兼行苦难言……天天跋涉像那无窝的鸡群，日日乞讨州过州。手头没粮样样难寻找，手头无钱才变成这样。”

侗族祖先来到湘、黔、桂边界之后，又按姓氏或兄弟分散到各地建村立寨，如“迁徙史诗”《散姓入村》中讲：“船只开进南江水，逆水行舟入榕江，撑船渐渐过朗泡，三公上榕河，落户进榕寨。五公下边赖，来到洛香村。三公住下面，四公住上面。父亲散到各地，儿子

落进各寨。姓氏分到各村，祖宗移入坟墓。”

“南江水”是指今贵州省黎平县及从江县边界的南江河。“朗泡”是指今贵州省从江县境内的朗泡河。“榕江”是指今贵州省榕江县境内的榕江河。“赖”也叫“边赖”，是指今贵州省黎平县赖洞。“洛香”是指今贵州省从江县的洛香镇。这些地方都是今日侗族的主要聚居区。

都柳江风光　（龙月江摄）

四、祖公落寨寻安康

凡懂侗语并到过许多侗族村寨的人都会发现：大多数古老的侗族村寨的侗语名称都是单音节词，如“Ngaemc”（岩洞）、“Saemc”（铜关）、“Xup”（述洞）、“Kint”（坑洞）、“Mees”（乜洞）、“Gkuout”（口江）、“Kgongx”（宰拱）、“Saop”（肇兴）、“Biix”（皮林）、

“Kganv”（贯洞）、“Loc”（洛香）、“Xamp”（三龙）、“Lanx”（兰洞）、“Panp”（潘老）等。这些村寨及其名称是从哪里来的呢？下面就让我们以“Ngaemc”（岩洞）为例解开这个谜底吧！

今贵州省黎平县岩洞镇岩洞村有这样一个传说：从前有三兄弟辗转迁徙来到今贵州省黎平县新洞村安身立命。有一次，家里喂养的两只鸭子丢失了，几天几夜也不见鸭子归家。于是三兄弟就各奔东西去找鸭子。找了几天，鸭子最终被三弟找到了。可是鸭子怎么也不愿意离开那个地方。三弟仔细一看，原来鸭子已经在那里做了个窝，窝里还有几枚刚生下的鸭蛋。三弟想，鸭子不愿意离开这个地方，并在这个地方做窝生蛋，这一定是块宝地。三弟再仔细一瞧，鸭子做窝的地方还长有许多非常茂盛的韭菜。于是三弟赶紧回家把这个消息告诉两个哥哥，并希望两个哥哥同意他到鸭子生蛋的地方去另辟新家园。两个哥哥也很高兴，就同意了弟弟的请求。可是三兄弟犯难了：这个新家园叫什么名字呢？他们左思右想，也想不出一个好名字来。最后三弟建议：就叫“Ngaemc”吧，因为那里有许多“Ngaemc”。两个哥哥觉得这个名字不错，都点头同意了。

原来，侗语称韭菜为“Ngaemc”，因为鸭子做窝的地方长有许多韭菜。所以侗族人将那个地方称之为“Ngaemc”。又因为当时侗族还没有自己的民族文字，所以人们只能将这个地名口耳相传。后来汉文渐渐传进了侗乡，能识汉字的文人想把“Ngaemc”这个名字写到书本上去，可是又找不到同音的汉字记录“Ngaemc”这个侗语的语音。没有办法，他们只好借用汉字的近音来书写成“岩”（当地汉语读 ngan，第二声）。再后来，当地政府要规范各个村寨的名称，而且汉语习惯用双音节词标注各地的地名，所以人们就将“Ngaemc”写成“岩洞”。实际上“岩洞”既没有“岩”，更没有“洞”，字面与“韭菜”已经相差十万八千里。由此可知，对待任何事情，我们都不能望文生义，一定要搞清它

的历史渊源，地名也是如此。只是在历史的长期演化过程中，许多村寨的由来及其名称的含义已经被人们遗忘了。沧海桑田，如今岩洞村已经从当年的单家独户发展到如今有 800 多户、3000 多人的大侗寨。当年的那两只鸭子也已经被岩洞人雕塑成模型放在他们的鼓楼里，以示纪念岩洞人的祖先。

第二节　侗族的族源与族称

一、古代越人的后裔

侗族是古代越人的后裔。古代越人主要分布在长江中下游地区和珠江流域，包括今日湖南、湖北、江西、江苏、浙江、广东、广西、福建、海南及云南的一些地区。这些古代越人，夏朝称“于越”，商朝称“蛮越”或“南越”，周朝称“扬越”或“荆越”，战国时期称“百越”。如《汉书·地理志》注引臣瓒曰：“自交趾至会稽七八千里，百越杂处，各有种姓。”《吕氏春秋·恃君览》亦载：“扬汉之南，百越之际。”在这片广阔的区域里，实际生活着众多的部落、部族或民族，他们各有种姓，各有名号，或称“吴越”（今苏南浙北一带）、或称“闽越”（今福建一带）、或称“扬越”（今江西、湖南一带）、或称“南越”（今广东一带）、或称“西瓯”（今广西一带）、或称“骆越”（今越南北部和广西西部一带）、或称“赣越”（今江西赣江一带）等。正因为这些越人支系众多，所以人们通称之为“百越”。

侗族的祖先究竟是属于“百越”中的哪个支系？目前学界还有不同看法。有的说是“扬越”，有的说是“赣越”，有的说是“荆越”，大多数人说是“骆越”。或许侗族的先民，既有“扬越”和“荆越”的成分，又有“骆越”和“赣越”的部分，因为这是不同时代的不同称谓，也许是“百越”不同支系融合的结果。

二、游击战争的创造者

侗族人自称“宁更”（Nyenc Gaeml）。“宁”是“人”的意思。“更”究竟是什么意思呢？侗族人为什么要把自己称为“宁更”呢？

“更”在侗语中具有“阻拦”、“封闭”、“防卫”、“隐蔽”、“藏匿”、“遮盖”等方面的意思。如“更困”（把道路阻拦起来）、“更寨”（把村寨封闭起来）、“更坝”（用树枝把鱼群遮掩起来）等。由此可知，侗族人的自称具有“阻拦之人”、“防卫之人”或“隐匿之人”的意思，即相当于现在的“边防军”或“边防部队”，也类似东晋诗人陶渊明在《桃花源记》中所述的“乃不知有汉，无论魏晋”的“隐匿之人”。

如前所述，春秋战国时期，长江中下游地区基本上都是古代越人的活动区域，今日湘、黔、桂边界侗族聚居区肯定也是属于古代越人活动的地区。这部分越人，实际上应该是侗族祖先的土著部分。到了战国中期或后期，楚国的势力逐步南移，直至湘水和沅水一带。楚人屈原被流放到今日溆浦、芷江一带。楚将庄蹻溯沅水伐夜郎。这些史料都说明今日湘、黔、桂边界侗族聚居地区不仅是越人的居所，也有楚人的足迹，是属于楚越边境地区。直至今日，人们还称这一地区为“南楚极边”和“百越禁喉”。既然是“百越禁喉”，就必然有越人防守。这部分越人，很可能就是侗族先民的组成部分，所以他们称自己为“宁更”（防卫之人）。

到了战国末年，秦始皇发动了“南开百越”的统一战争，侗族的祖先们终于从幕后走到了台前。据《淮南子·人间训》载：秦始皇二十八年（公元前219年）“又利越之犀角、象齿、翡翠、珠玑，乃使尉屠睢发卒五十万，为五军，一军塞镡城之岭，一军守九疑之塞，一军处番禺之都，一军守南野之界，一军结余干之水，三年不解甲

弛弩，使监禄无以转饷，又以卒凿渠而通粮道，以与越人战，杀西呕君译吁宋。而越人皆入丛薄中，与禽兽处，莫肯为秦虏。相置桀骏以为将，而夜攻秦人，大破之，杀尉屠睢，伏尸流血数十万。乃发适戍以备之。”秦始皇的五十万大军虽然来势汹汹，并杀死了百越西呕人的君主译吁宋，但越人并没有因此而缴械投降。他们迅速将阵地战转变为游击战，越人全部逃进丛林中，和禽兽共处，不肯做秦军的俘虏。而后西呕人推选出勇猛强悍的人做将领，深夜袭击秦军，把秦军打败，并杀了秦军的尉官屠睢，使秦军尸横遍野，血流成河，死伤数十万人。由此可知，这场战争不仅规模宏大，而且十分残酷，拉锯持久。其中的西路战场就在今日侗族聚居区内的“镡城之岭”，世居此地的侗族祖先不可能不卷入这场保卫家乡的战斗中。今日侗族中的一个重要支系“更镡”（Gaeml Danc）或许就是因此而得名。所以说，侗族祖先不仅是这场“夜攻秦人”游击战争的参与者，也是这场游击战争的创造者。

三、神秘的“赣巨人”

为什么说侗族祖先与“赣越”也有关系呢？我们知道，古代没有火车、汽车、飞机等现代交通工具，人们旅行或运输物资主要是靠船只，所以江河是古代最重要的交通和运输线路，也是古代战争的天然屏障。漭漭长江之水由西向东奔流不息，是历朝历代中国南部的天然防线，当然也是古代越人守卫疆土的天然防线。从中国地形图上我们可以看出，长江流到湖南、湖北、江西境内，出现两个 V 形拐点，并形成两个大湖。一个是洞庭湖，一个是鄱阳湖。在这两个大湖的南边，即在南北走向的武陵山、罗霄山、武夷山之间分别有三条纵贯南北的长江支流，一条是沅水（今沅江），一条是湘水（今湘江），一条是赣水（今赣江）。湘水和沅水，主要是在湖南境内，所以湖南简称为“湘”；赣水主要是在江西境内，所以江西简称为“赣”。古代没有公路和铁路，兵员或军需物资主要是靠水道运输。南来的北方或中原军队跨越长江天堑之后，必然要沿着沅水、湘水和赣水这三条南北走向的水道溯水向南挺进。“南开百越”的五十万秦军自然也是如此。于是，沅水、湘水和赣水这三条水道及其沿线自然也就成了秦、越两军交战的重要战场。镡城之役及越城岭的战斗，就是在沅水和湘水一线发生的。守卫这一线的越人即是今日侗族中“更镡”支系的祖先。

“赣江”这一名称，来源于一个古老而有趣的传说故事。据成书于战国时期的《山海经·海内经》载：“南方有赣巨人，人面长臂，黑身有毛，反踵。”晋朝人郭璞在给《山海经》所载“赣巨人”作注时说：“今交州南康郡深山中皆有此物也。长丈许，脚跟反向，健走、被发、好笑，雌者能作汁，洒中人即病，土俗呼为山都。南康今有赣水，以有此人，因以名水。”由此可知，“赣水”之名来源于“赣巨人”，因为赣江两岸居住着许多“赣巨人”，根据名从主人的法则，“因以名水”故称“赣水”或“赣江”。

那么“赣巨人”与“宁更”又有什么关系呢？“赣”的古音既读gàn，也读gòng。无论读“gàn”或读“gòng”，都与今日侗族的自称“Nyenc Gaeml”的“Gaeml”近音。这可能是因为没有与“Gaeml”同音的汉字，所以汉族文人们将古越语中的“Gaeml 江”写成了“赣江”或“贡江”。其本意就是“防卫之河”。今日许多侗族村寨还流传着这样一个故事：古时候，侗族祖先们常常遭到官兵的追赶和掳掠。因为官兵人多势众，武器精良，侗族祖先们不得不东躲西藏。为了自卫，侗族祖先们想出一条妙计：他们事先编织好许多又长又大的草鞋，并事先把这些草鞋弄成又脏又破的烂草鞋。晚上他们就拿着火把在官兵驻扎的营地周边山上大叫大嚷或哈哈大笑，然后把那些破旧的大草鞋

扔在通往官兵营地的路上，并在路上的烂泥处制作了许多相反方向的巨大脚印。第二天天一亮，官兵们发现路上丢弃有许多又长又大的大草鞋，而且还留下许多相反方向的巨大脚印。愚蠢的官兵以为这个地方有巨人，就再也不敢继续追赶了。

从这些传说故事中，我们似乎明白“赣巨人”是怎么回事了，似乎也可以断定“赣巨人”原来就是这一地区的古代越人——侗族先民——“宁更”（防卫之人）。晋朝人郭璞所说的“山都”，实际就是古越语（今侗语）“duc jenc”（野人）的汉字记音与译意。

四、拦路迎宾话“宁更”

民间习俗是现实生活的反映。从目前遗存下来的一些侗族民间习俗，也可以印证侗族祖先曾经是古代边防游击战争的创造者。

侗族民间广泛流行着一种非常特殊的迎宾习俗，侗语称“sagp kenp”或“sagp singp”，即“拦路”或“拦门”的意思。所谓“拦路”或“拦门”，就是主人用板凳、火钳、纺车、鸡笼、箸帚、树枝等物把客人阻拦在路口或寨门之外，并唱“拦路歌”盘问客人是从什么地方来？要到什么地方去？到我们寨上来干什么？等等。客人也要通过唱“开路歌”来回答主人提出的各种问题，并请求主人开路。双方一问一答，直至主人心满意足才拿掉阻拦物让客人进寨。如：

主人唱：
问问你，
你们姓张是姓李？
姓张姓李莫进寨，
我们寨上与你无亲戚。

客人答：
回答你，
我们不姓张或李。
曾祖出在你们寨，
奶奶也是你们寨上的；
外公外婆本与你们共鼓楼，
你说我与这里有没有亲戚？

主人问：
这里好比金銮殿，
钢刀利斧架两边。
朝中百官不敢过，
武将到此也遭拦。

客人答：
金銮宝殿虽森严，
皇帝他敢闯上前。
我们跟在后面走，
谁敢拦路挨时间！

侗族的这种“拦路”或“拦门”习俗，很可能来自早期的边防生活。即遇到生人来访，必须进行严格的盘问或审查。只有通过盘问或审查确认来者是真正的朋友，才能允许他们进寨或者通过，才能热情接待。否则，就会被当成奸细或者敌人。这种来源于自卫或防卫性的社会生活，后来逐步演变成现在的拦路迎宾习俗而留在人们的记忆之中。

拦路迎宾　（龙月江摄）

五、侗寨鼓楼的防卫功能

鼓楼是侗族村寨的一种标志性公共建筑物。鼓楼形如宝塔，高耸入云，全木结构。所谓鼓楼，就是因为楼顶上置有一面牛皮大鼓而得名。遇有紧急情况需要发出信号，就敲响鼓楼顶上的牛皮大鼓。人们听到鼓声，就会赶紧聚集到指定地点领受任务，听从指挥。

鼓声事先都有规定，而且在一个区域内是统一的。若有兵匪进犯，拦路抢劫，偷牛盗马等重大事件发生，就连续敲击大鼓，不论坡上寨上，凡听到鼓声的人都会个个摩拳擦掌，携带武器火速跑到鼓楼集中，听从指挥，整装待发。如果发现火警，也敲急声鼓，不同的是打一阵，停一下，并高声喊叫，告诉人们火警发生在何方何处。人们听到此种鼓声，就会自觉地带上所需救火工具直奔现场。在坡上干活的人也会火速回家。如果是普通集会，或是迎宾接客，或者报告举行某种活动的时间已到等，就打慢声鼓，打一阵，喊一阵，再打一阵，人们就会很快来到鼓楼听候安排。逢年过节，尤其是春节，也要从鸡叫头遍至上午 10 点钟左右连续不断地打慢声鼓。由此可知，鼓声是古代侗族人的一种不可违抗的命令。有些侗族村寨的鼓楼顶上还有特别的防卫设备，即楼板上面要铺满砖块或青石块，这是因为击鼓人就是抗击来犯之敌的总指挥，击鼓人也就成了敌人首先要消灭的对象。所以在非常情况下，击鼓人不能站立击鼓，必须躺在事先铺好的砖块或石板上击鼓，以防止枪弹或箭头射击。如果敌人逼近鼓楼下面，还可以用砖头或石块打击敌人。在非常情况下，也不能一个人上楼击鼓，必须两三个人身带武器上楼击鼓指挥，以防万一。

侗寨鼓楼 （邓敏文摄）

由此可知，侗族村寨的鼓楼，最早来源于防卫战争的需要，来源于侗族先民——古代越人的瞭望台、信号台和指挥部，后来才逐步演化成侗族村寨的信息中心、接待中心和娱乐中心。

从以上遗存的民间习俗也可以看出，侗族先民，很可能与古代某种军事防卫组织或防卫战争有关，或许他们就是这些军事组织成员或参战人员的后裔，所以他们自称为“宁更”（防卫之人）。

六、“肚洞”的启示

前面我们已经得知侗族自称“宁更”（Nyenc Gaeml）的由来。然而汉文史料中却常常把这些“宁更”称为“狪人”、“峒人”、“硐人”、“洞人”、“峒民”、“峒苗”或“溪洞之民”等。这又是怎么回事呢？古代汉族文人为什么要把这些“宁更”称为“狪人”或“峒人”呢？除了民族歧视的原因之外，更重要的原因是古代汉族人对这些“宁更”不太了解，或只知其然而不知其所以然造成的误解。

今贵州省黎平县岩洞镇竹坪村（村民全是侗族人）附近的山坡上至今还残存许多土洞。洞深 4 米左右，直径 2 米以上，洞口直径约 50 厘米，架木梯人可以下去储藏粮食或衣物，必要时全家人都可以躲在里面。当地侗语称为“Jemc Longc”（肚洞）。据说这些土洞主要是为了自卫或防匪防盗。在兵荒马乱的岁月里，竹坪人每家每户都在坡上十分隐蔽的地方挖这样一个或几个“肚洞”。挖出的泥土，要仔细装入口袋运往较远的地方去倒，不让他人发现。如今，这些“肚洞”大多数已经残缺不全。因为没有文字记载，挖洞的具体年代已无可考。

尽管挖洞的具体年代无从考证，但这种习俗的形成与这个民族的历史遭遇肯定是有关系的。如前所述，侗族聚居区正处于长江流域和珠江流域的分水岭上，正处于古代楚越文化的结合部位，正处于中原文化和南方文化的过渡地带，正处于古代越人和现代越裔民族聚居区的最北边。由于中原汉人势力及中原文化首先由北向南然后再由东向西不断推进，侗族祖先实际上就是古代南方越人的前卫部队——“宁更”（防卫之人），也是越人土地和越人利益的前沿保卫者和捍卫者。他们为了更有效地保存自己和消灭敌人，不得不想出各种各样的战略战术来对付封建统治者的征服、控制与镇压。“深挖洞”就是其中的一种战术。因为这种战术，不仅使远道而来的“客人”误以为他们是长期住在洞里的“野人”——“狪人”或“赣巨人”，而且也使那些试图剿灭这些“野人”的封建官兵无可奈何而使侗族祖先们得以继续繁衍生息，直至今日。

中华人民共和国成立之后，在党和国家民族政策的光辉照耀下，人们终于看清了“狪人”或“赣巨人”的本来面目。经国务院总理周恩来的提议，一个勤劳、智慧、勇敢、善良的古老族群——“宁更”（Nyenc Gaeml）终于有了自己的公认的正式名称——侗族。

第三节　侗族古代社会知名人物

一、“夜郎”与“郎夜”的神秘关系

距今2000多年前的西汉时期，在中国的西南及中南地区有许多大大小小的独立政权，其中有一个神秘的古国——“夜郎国”。司马迁在《史记》中说：“西南夷君长以什数，夜郎最大。”夜郎国在西南夷诸多国家中虽然“最大”，但同当时的汉朝相比就算不上什么了。有一次，汉朝的使者来到夜郎，由于夜郎国的国王对外面的世界知之甚少，竟然提出“汉孰与我大”（汉朝和我国相比较，哪个大呀）的问题。从此，“夜郎自大”的成语相传至今。元鼎六年（公元前111年），夜郎王的王子多同被汉武帝封为夜郎王，使夜郎国进入了一个新的历史

时期。

关于夜郎古国的名称、疆界及其与壮侗等现代民族的关系，一直是学术界关注的热点问题。今广西壮族自治区三江侗族自治县有一个古老的侗族村寨叫河里寨。距河里寨不远处有一座风雨桥，当地人称“人和桥”。离桥不远，有一座颇为壮观的庙宇，它就是三江境内幸存下来的、最古老的一座“三王庙”。据有关资料记载，此庙原建在溶、浔两江的合水口，即今三江老堡。后来因寨子搬迁至此，所以把庙也同时迁来。该庙原先规模较小，清道光二十四年（1845 年）和同治七年（1869 年）曾两次增修，才形成现在的规模。“三王庙”的两块《增修碑记》今日尚存，其中写道：

> 乾坤献瑞，构阴阳之和，积元气之英，发祥於施州，钟灵于豚水。时有李氏在兹浣沙，流大竹节于足间，回索环绕，闻声呱呱。氏拾剖而视之，得一婴儿，抚育成人，以竹为姓。长，生三子，作述相承，有孝有德，才武并著，有翼有严。汉武帝时，策立华勋，帝赐印绶，称夜郎侯于恳元。元民心悦，服，及其逝矣。土人立庙于施州，父子配食歌罗寨，越至宋朝……

《碑记》对“三王”的解释，显然是出自东晋人常璩所撰《华阳国志》中关于“夜郎竹王”的故事。可是，河里一带的侗族民间，却另有一个《郎夜的故事》（《Nyonc Langc Yeel》）：

古时候，有一位女子到河边挑水，突然从河的上游漂下来一节竹筒，正好漂进她的桶里。她把竹筒倒出去再次打水，竹筒又漂入她的桶中。再倒出去，再漂进来。这位女子只好把竹筒挑回家中。她把竹筒破开，从里边跳出一只青蛙。青蛙把皮脱掉，又变成一个男孩。男孩跑到这位女子怀中，一个劲地呼唤“妈妈”。于是这位女子就把男孩养大成人，取名“郎夜”（蛙郎）。郎夜成亲之后，又有三个男孩，而且个个武艺高强，勇于为民除害，所以被人称为“三王”。“三王”死后，人们就立庙祭祀他们。起初，人们也为他们的父亲“郎夜”（蛙郎）立庙，称为父庙（即祖庙）。后来由于父庙没有子庙（即“三王庙”）灵验，所以父庙也就渐渐地断了香火。而三王庙却有求必应，十分灵验，所以至今仍香火不断。

从河里一带的侗族民间传说故事中我们得知：所谓“三王之父”就是“郎夜”（蛙郎）。所谓“三王”，其实就是“郎夜”（蛙郎）的三个儿子。从三王庙所供之物来看，也不是竹神，而是蛙神，是用铁铸成的三只青蛙的模型。由此我们可以断定：《华阳国志》所说的竹王，其实就是“郎夜”（蛙郎）。

那么，“郎夜”（蛙郎）和“夜郎”之间又有什么关系呢？让我们先看看南朝宋人范晔所著《后汉书》中的一段记载：“夜郎者，初有女子浣于豚水，有大竹节流入足间，闻其中有好声。剖竹视之，得一男儿，归而养之。及长，有才武，自主为夜郎侯，以竹为姓。武帝元鼎六年，平南夷，为牂牁郡。夜郎侯迎降，天子赐其王印绥。后遂杀之。夷僚咸愿竹王非血气所生，甚重之，求为主后。太守吴霸以闻，天子乃封其三子位侯。死，配食其父。今夜郎有竹王三郎神是也。”范晔不仅将传说变成了历史，而且指出“竹王”就是“夜郎侯”。所谓“竹王三郎”，其实就是“夜郎侯”的三个儿子。

如果将史书记载和侗族民间传说联系起来加以研究，我们就会得出这样一种结论：“竹王”就是“蛙郎”，“蛙郎”就是“夜郎”。所谓夜郎王的儿子“多同”，其实就是侗语“Duc Dongc”（竹筒人）的音译。

那么，“蛙郎”怎么会变成“夜郎”呢？这是非侗人史学家们无法

解答的一个难题！其实，这个难题对懂侗语的史学家来讲易如反掌。如今，侗族人民仍称青蛙为“夜”（yeel），按照侗语的语法关系，“蛙郎”应该说成“郎夜”（langc yeel），再将“郎夜”翻译成汉语，那就是“夜郎”。

据了解，壮侗语族中的许多民族都称青蛙为“夜”，而壮侗语族诸民族又都是古代越人的后裔。由此可知，“夜”是古代越人对青蛙的一种称呼，这种称呼，却被今日侗人继承了下来。所谓“夜郎”，其实就是“蛙郎”的意思。

二、萨岁其神及其人

在侗族民间多种多样的祭祀活动中，以祭祀萨岁为最虔诚、最严肃和最隆重。每逢重大节日、重大喜庆、重大交往、重大灾难或民族战争，有关村寨的侗族群众都要举行隆重的祭祀萨岁的活动，侗语称“多萨”（Dos Sax）或“暖萨”（Nyonh Sax）。在侗族村寨里，每逢大事，其中包括起款、讲款、庆典以及举行一些大型的文化娱乐活动，或村寨里遭受了火灾、水灾、瘟疫或战争威胁等，也都要举行祭祀萨岁的仪式。据说，祭了萨岁，便能打胜仗，便能人畜平安，便能逢凶化吉，万事顺意。所以侗族人对萨岁的崇拜，比对任何神灵的崇拜都更虔诚。

据说，在侗族历史上有一位功绩显赫的女英雄，人们尊称她为“萨岁”（Sax Siis）或“萨玛”（Sax Mags），其意为“先祖母”或“大祖母”。在侗族村寨里还普遍建有萨岁的祭坛或祭祠，其坛侗语称“堂萨”（Dangc Sax），其祠汉语称“神女宫”或“圣母祠”。在侗族民间信仰中，这位女神被称为“萨玛天岁”（Sax Mags Qinp Siis），可直译为“天子大祖母”。其位在众神之上。

关于萨岁的传说很多，主要有三种：仙女下凡说；太阳天子说；

古代英雄说。从萨岁在有关传说中的形象来看，上述三种说法均兼而有之，其中以古代英雄说流传较广，并有款词、长篇叙事歌和侗戏剧本在民间传播，其故事梗概是这样的：

祭祀萨岁　（邓敏文摄）

很久很久以前，耐河口上的平端寨有一位孤苦伶仃的侗族姑娘叫仰香。她刚满八岁，就去给伯父放羊养鸭。平端寨有一位穷苦善良的老人名叫贯公，他见仰香可怜，就指引她到六甲寨去找她的舅舅九库。仰香来到六甲寨上，殊不知舅舅已被迫逃到外乡。仰香在投亲无着的情况下，被当地官家财主李怂庆收为家奴。李家有个长工名叫堵囊。仰香与他同命相怜，年长月久，便相互产生了爱慕之情。财主李怂庆见仰香人才出众，聪明漂亮，遂起歹意，欲娶之为妾。堵囊得知，救出仰香，一同逃到螺蛳寨上，并被好心的天巴奶奶收留。他们夫妻二人男耕女织，与天巴奶奶一起过着美满幸福的生活。不久，仰香生下一个女儿，取名叫婢奔。婢奔 18 岁那年，有一天，她同父母和众乡亲

到九龙山上去挖鱼塘，挖得一把九龙宝刀。财主李怂庆得知此事，借口说挖鱼塘毁了他家的坟山地脉，于是派家丁打手到螺蛳寨打死仰香，妄图夺取宝刀。堵囊和婢奔父女与螺蛳寨上的乡亲奋起反抗，赶跑了李家打手。贯公得知此事，知道李家一定会前来报复，于是他星夜赶来献计献策，并将一把神扇送给婢奔。他还联络附近几个村寨与螺蛳寨进行联款，并帮助婢奔攻下六甲寨，杀死仇人李怂庆。李怂庆的儿子李点郎在朝廷做官，得知父亲被杀，田地被分，便启奏皇上派来八万官兵进剿侗乡。李点郎知道婢奔的宝刀厉害，指人人死，砍山山崩，便派人伪装成远方男青年到婢奔家中偷走九龙宝刀。婢奔因失去宝刀，抵敌不住，便率领众人退守九层崖。李点郎用重兵围困九层崖。婢奔的神扇也因沾上狗血而失去了神力。她虽然率众与官兵殊死拼搏，终因寡不敌众，最后她纵身跳下悬崖，壮烈牺牲。婢奔死后化作神女，继续率领侗乡人民与官兵作战，终于杀死李点郎，击败了官兵。从此，婢奔也就成了侗乡人民的保护神、英雄神——萨岁。

萨岁究竟是历史人物还是神话传说人物？侗族历史上是不是真有其人？目前学术界尚无定论。从目前掌握的考察资料来看，萨岁很可能是历史人物和神话传说人物化合的结果。她的最初形象，很可能是一位较有威望的女款首，而且在维护社会治安和捍卫民族尊严等方面曾经作出过某种特殊贡献，因而受到人们的普遍敬重。当她去世以后，人们便将她加以神化，并在原有形象的基础上不断补充新的内容，包括各种各样的原始信仰，使其神格不断升华，最后才成为像萨岁这样一位至高无上的女神，就像汉族的三皇五帝那样。

作为一位捍卫民族利益和民族尊严的女英雄，萨岁究竟生存于何年何代？目前学界也还没有一致的看法。根据民间传说和有关汉文资料综合考察，萨岁大约生存于唐朝初年，即李宏节“开夷僚”的贞观年间（627～649 年）。当时的侗族社会可能正处于母系民族社会的末期。从新旧《唐书》等历史文献可以看出，当时湘、黔、桂边界地区各族人民都在进行着开发与反开发、羁縻与反羁縻、控制与反控制、掠夺与反掠夺、压迫与反压迫的民族战争。萨岁其人可能就是这种战争造就出来的侗族女英雄。那位姓李名怂庆的财主以及他的儿子——朝廷命官李点郎，是否就是李氏王朝的群像代表或者是李宏节①的化身也未可知。

三、造福一方的杨再思

在中国历史上，地方官员被当地人民群众崇敬为神者并不多，而唐末五代十国时期主政黔、湘、川、桂边界“五溪”之地的杨再思，则是其中最有代表性的一位。

大家知道，唐朝末年，藩镇割据，你争我夺，战乱频仍，中国封建社会进入了一个大动荡、大分化、大瓦解的历史时代。北方的“五代”是指后梁、后唐、后晋、后汉、后周五个依次更迭的短命王朝，国运最长者 16 年（后梁），最短者只有 3 年（后周）。南方的“十国”是指前蜀、后蜀、吴、南唐、吴越、闽、楚、南汉、南平（荆南）、北汉等十个各霸一方的割据政权。其实，南方割据政权不止“十国”，还有许多“独立王国”没有算上。如疆域广阔、国力雄厚、威震西南的大理国就被排斥在“十国”之外。杨再思及其子孙既不称王，也不称霸，其执掌的黔、湘、川、桂边界“五溪”之地，一直被“正统史家”们视为马殷父子的“南楚”属地当然也是很自然的了。

其实，杨再思生前也不是什么正统的“朝廷命官”，他只是“与李克用同受昭宗缉诏征兵，道长梗阻，众奉为诚州刺史，威名日著”，并被当地各族大姓头人推举为“十峒首领”。所以在一些“正史”上难以

① 李宏节：唐代朝廷命官，封清平公。贞观年间，李宏节奉旨率军开发今广东、广西岭南壮、侗等族聚居之地，并设置羁縻州县。

见到有关杨再思详细的生平事迹。但这并不影响当地侗族、苗族、瑶族、土家族、布依族等各族人民群众对杨再思的崇敬心理。杨再思的历史功绩大概可以归纳为以下三个方面：

其一，确保一方平安。后唐天成元年（926 年），后梁王朝以武安节度使马殷为楚王，据潭州（今湖南长沙），尽有湖南之地，虎视滇黔。独杨再思“奉唐正朔，保障滇黔，民赖以安”。长兴三年（932 年），马殷四子马希范于朗州（今湖南常德）即楚王位，并“强赋于民”。而杨再思“即以部属吴、石、龙、潘各大族为僚属峒官，抚驭峒民，教织以耕、贸易”。于是“境内之民，焕然改色，有礼乐文物之盛焉”。由此可见，杨再思的确是一位具有远见卓识的政治家和军事家。在那样一个藩镇割据、战乱频仍的历史时代中，杨再思既不称王，也不称霸，独“奉唐正朔”，使当地各族人民群众能过上和平安宁的日子。同时，杨再思本人也被当地“峒官”、“峒民”拥戴为“十峒首领”，并奉为“诚州刺史”，其职位相当于现在的地区行署专员或自治州州长。杨再思的这一战略眼光和战略决策，也为这一地区的侗族“峒款制”、苗族“理老制”、瑶族“石牌制”等民间自治制度打下了根基。直至今日，这些民间自治制度对维护社会治安、促进社会和谐仍有重要的积极影响。

其二，维护民族团结。据说，杨再思的祖籍远在淮南（今安徽淮南，一说今江苏扬州，另说今江苏江都），原本是汉族人，因其父迁至辰州（今湖南沅陵），才使杨再思及其子孙成为“五溪蛮”的组成部分。杨再思执掌黔、湘、川、桂边界地区军、政、财、文大权之后，积极推行民族和睦政策，紧紧依靠当地各族土著居民，并“即以部属吴、石、龙、潘各大族为僚属峒官”。正因如此，杨再思才得到当地侗族、苗族、瑶族、土家族、布依族等族人民的真诚拥护，并被当地各族人民推举为“十峒首领”。杨再思死后也被当地各族人民视为本民族的祖宗或杰出代表来加以祭祀。历代封建统治者们为了巩固自己的统治地位，也利用杨再思在当地各族人民群众心目中的威信给杨再思追封加爵，如“英惠侯”、“威远侯”、“英济侯”、“广惠侯”、“创远英惠侯”等，并扩建庙宇，“奉敕赐匾”。至清代，官方或民间为杨再思修建的大小“飞山宫”、“飞山庙”遍及“五溪”各地。今日，“五溪”之地各族人民依然杂居共处，你中有我，我中有你，相互尊重，和睦相处，这与杨再思及其子孙当年努力推行民族和睦政策不无关系。

飞山宫 （吴跃军提供）

其三，发展地方经济、文化。有关这方面的史料记载虽然不多，但从民间传说及其他方面的史料可以佐证：杨再思主政期间，“五溪”

之地各族人民安居乐业，“境内之民，焕然改色”。北宋初年，“五溪”之地已经广泛推行牛耕，多数地区已经改变了刀耕火种的原始耕作制度；平坦地带建起了大坝良田，并逐步引进汉族地区的作物品种及耕作技术；与比邻地区的贸易交往也日益频繁。由于经济贸易的日益繁荣，城镇建设开始启动，如960年，十峒首领杨正岩于渠阳东岸（今靖州渠水滩头）建“杨氏城”。随后，汉族文化也相继传入，如熙宁年间（1068～1077年），诚州大姓杨光僭父子请建学舍，朝廷准请。正因杨再思等在那样一个战乱的历史时代中给“五溪”之地各族人民造就了一个安居乐业，经济、文化日益繁荣的社会环境，所以当地各族人民才对杨再思崇敬如神。

当然，杨再思本身并不是神，他也和其他封建统治者一样有自己的阶级本性。如“奉唐正朔”的忠君思想、豪门望族的封建理念以及多妻多子的品格追求等。但是这些都不影响他“为官一任，造福一方”的主体形象和历史功绩。杨再思神格的形成，既有平民百姓的感恩戴德，也有封建统治者的推波助澜。清代“西南巨儒”郑珍（1806～1864年）对杨再思的评价比较公允：“侯之功德赫烽，在乎保境卫国，盖非保境则民之涂炭者无所归，而保境以为国，则固其忠贞自矢者也。”[①]“保境为国”的根本目的就是“民赖以安”。用现代语言来讲，保境卫国的宗旨就是让人民群众安居乐业。这才是杨再思的大功大德，这也是人民群众尊之为神的主要原因。

杨再思和萨岁都是侗族历史上若明若暗的“神圣人物”，也是侗族民间最为崇敬的男神和女神。从杨再思等人“为官一任，造福一方”的历史经验和他们“由人变神”的演化过程中也能给我们带来诸多的思考与启迪。

---

① 胡长新《宋追封英惠侯唐末诚州刺史杨公墓表》引语。

四、砍头不死的吴勉王

吴勉是明朝洪武年间一位侗族农民起义军的首领，也是一位被神化了的历史人物。

洪武十一年（1378年），湘、黔、桂边区侗族农民在吴勉的领导下在今贵州省黎平县境内举行起义，并在九里岗击败靖州卫守兵300余人，震动朝野，于是朝廷派官军前往镇压。因寡不敌众，吴勉回师原地，在黎平茅贡、流黄（今流芳）、高近、寨头一带的深山密林中组织款众，继续活动。洪武十八年（1385年）六月吴勉再次举行更大规模的武装起义，自称“剗平王”。古州（今榕江）一带的地方土官也积极响应，使起义队伍迅速发展到“二十万众”，威震湘、桂、黔边界整个侗族聚居区。

关于吴勉的民间传说很多，其中说道：吴勉出生在今黎平县兰洞寨。他出生时，有一群鸟站在他家屋顶上，其屋被红光包围，全寨充满着香味。还说吴勉从娘肚里带来两件宝物：左手拿书，右手拿鞭，一生下来就会喊爸爸妈妈。三岁就敢光着屁股满山跑，见到老虎豹子也不怕。五岁就骑在牛背上，帮全寨人放牛。吴勉长大后，身材魁梧，不但庄稼活做得好，挑担子上坡如走平地。他还会射一手好箭，会唱歌弹琵琶，寨上的姑娘都喜欢和他行歌坐夜，寨上小伙子也喜欢跟他做伴。

吴勉十八岁那年，天下大旱，田中的粮食颗粒无收，到处有人逃荒，卖儿卖女。可是官家不顾老百姓的死活，逼着要租要粮。黎平等地的侗族人民饥寒交迫，无路可走，奋起抗争，围了黎平府城。府台大人见事不好，骗请各寨寨老前去谈判。吴勉的父亲是兰洞寨的寨老，一进府城，就被官兵抓进牢房，而后杀害。吴勉决心为父报仇，花了七七四十九天铸好三支箭后跟姨妈说：“让我先睡一觉，明早听到鸡叫

再喊醒我。”谁知有一只黄鼠狼半夜跑来偷鸡，打翻了鸡笼上的铜锣，公鸡听见响声，以为天快亮了，就喔喔地叫了起来。吴勉听见鸡啼，赶紧跑上山头，对着京城，朝金銮殿狠狠地射出三箭，试图把皇帝射死。谁知此时天色还早，皇帝还没上朝，三支箭紧紧地钉在了皇帝的龙椅上。到了上朝时间，皇帝和文武百官见到龙椅上整整齐齐地钉着三支箭，个个吓得目瞪口呆。皇帝见箭杆上刻有吴勉造的字样，立刻派十万大军前来捉拿吴勉。吴勉得知消息，拿着赶山鞭试图从今黎平县的羊角崖把岩石像赶羊一样赶到今从江县的八洛河筑大水坝，等官军沿河上来时放水把他们淹死。由于路途遥远，吴勉赶山太累，就在半路睡着了。等他醒来，那些“石头羊”已经走得无影无踪。吴勉追到信洞坎，碰到寨上的一位姑娘便问：“你见我赶的羊走到哪里去了？”姑娘回答说：“我没见到你的羊呀，我见到一些奇怪的石头往前滚。”姑娘的话音刚落，那些岩石都停在原地了，再也赶不走了。吴勉十分生气，伸手往那姑娘脸上打一巴掌。姑娘把头一低，吴勉的巴掌正好打在姑娘的发髻上，结果把发髻给打偏到一边去了。于是这一带的侗族妇女直到现在头上的发髻还是偏的。这也是信洞坎一带石山多的原因。

经过两次失败，起义队伍只好与官军正面交锋。战斗一次比一次激烈。因敌我力量悬殊，吴勉义军不得不边打边退。残暴的官军，走一村杀一村，过一寨烧一寨，还说只要交出吴勉就可以退兵。但是一次再一次受骗的侗族人民，再也不会上当了。他们说：“宁愿战到最后一个人，也不会把吴勉交出。”形势越来越严重，起义队伍被官军包围在黎平南面的一个岭迁寨上。包围圈越来越小了，寨上的老人要吴勉突围出去，到深山里去躲避。吴勉为了安慰这些好心的父老，在岭迁寨上随手拿了一根树苗倒栽在地上并说：“如果这棵倒栽的树能成活，我就不会死；如果这棵树栽不活，那么我要跑也跑不了。”没想到，这棵倒栽的树竟然活了。寨老们见倒栽的树都能成活，对战胜官军又充满了信心。一天夜里，起义军终于找到了个敌人防守薄弱的地方突围出去，并安全地转到另一个寨上。直到现在，岭迁寨上还有一棵古老而神怪的吴勉树，远远望去，真像一棵树尖朝地树根朝天的倒栽树。

在一次激烈的战斗中，吴勉病倒了，而且病情十分严重，躺在床上起不来，被敌人捉住了。皇帝下令立即把吴勉处死，以绝后患。狠心的官家把当地百姓集中在一个大坪子里，要大家去看砍吴勉的头。坪上一片哭声，很多人自动在头上包了白布给吴勉戴孝。吴勉的母亲也来到吴勉身边哭昏了好几次。吴勉趁着官军不注意的时候悄悄对母亲说："妈妈，官家是杀不死我的。他们砍下我的头以后，你只要把我的头安放在我的颈子上，把我抱在怀里连喊三声，我就会活过来的。"吴勉的母亲照着吴勉的话办了，结果吴勉真的活过来了。吴勉活过来后，就躲在信洞坎的一个大石洞里操练兵马，打算再和官军战斗到底。

第四节　革命大潮中的侗族精英

一、北伐名将王天培

"吾为党国兮，十年有六。三民主义兮，素所钦服。为国革命兮，奔走呼号。凡我同胞兮，皆应有责。有形无形兮，革命工作。竭尽心力兮，求达目的。适得其反兮，忽遭横祸。哀我将士兮，万里从征。枵腹从公兮，惨无人知。津浦国道兮，独立支撑。孙、张合力兮，混以白俄。白俄铁甲兮，搏以肉体。孤军奋斗兮，两月余矣。敌众我寡兮，弹尽粮绝。昼夜鏖战兮，精疲力竭。再接再厉兮，不惜牺牲。死伤枕藉兮，惨目伤心。实情实境兮，有耳应闻。是非混淆兮，公理沉沦。青天白日兮，惨淡烟云。人心不古兮，悲歌慷慨。恶有未尽兮，

恶潮澎湃。东海沧浪兮，吾宁速归。卫士环伺兮，不忍弃之。仰天长叹兮，失复何为？杭州道上兮，武穆徒悲。人生至此兮，万念俱灰。”这是北伐名将王天培于1927年8月15日被国民政府下令从南京押往杭州途中写下的绝命诗《宁归歌》。

王天培，原名王伦忠，字植之。1888年农历十二月初四日生于贵州省天柱县织云乡一个贫苦的侗族家庭。他从小就能吃苦耐劳，七八岁跟着父母挖土造林等。当地贤士龙大楷见王天培聪明懂事，有礼貌，就让他陪同自己的三个儿子一起进私塾读书。1905年，王天培再次得到龙大楷的帮助，去贵阳报考陆军小学堂。毕业后升入武昌陆军第三中学。辛亥革命爆发时，王天培任督战指挥兼凤凰山要塞司令，他身先士卒，英勇善战。1912年，王天培到保定军官学校读书。1916年投身护国运动升为营长。1917年在护法运动中任黔军第二团团长。1921年，王天培担任黔军纵队司令，在广西桂林见到了孙中山，并被任命为中央直辖黔军第二混成旅旅长，次年升任黔军第二师师长。1926年5月，王天培参加国民革命军，宣誓就任国民革命军第十军军长，筹备北伐。1927年3月，蒋介石欲命王天培为安徽省主席，但王却说：“我是来革命的，不是来占地盘的。”于是请命北伐。初任左翼指挥，所向披靡。徐州被攻下后，继任北伐总指挥职，兼任中路指挥继续北进。

王天培像 （吴跃军提供）

王天培所率北伐军攻克曲阜兖州后，声势浩大，震动全国。

正当北伐战争节节胜利之时，由于蒋介石为打击异己和错误指挥，导致北伐失利，徐州失守。7 月 24 日，蒋介石在南京召开将领会议，声称要“夺回徐州，以振声威”。25 日，蒋率贺耀祖专程北上，亲自指挥收复徐州战役。27 日蒋等一行由蚌埠至宿州接见十军王天培，督其反攻。8 月初，蒋介石亲自指挥十军、二十七军、三十二军、四十军等与孙传芳、徐源泉等部鏖战于淮河、徐州、蚌埠之间。战事很快处于胶着状态，这时，敌军突然从右翼对王天培部实行包抄袭击，前线各军首尾难顾，致使攻徐各军全面溃败。

徐州战事失利，本来是蒋介石指挥部署失误，但蒋为了开脱罪责，便将责任推到了王天培的身上，并给王天培强加三项莫须有的罪名，将其逮捕。1927 年 9 月 2 日，王天培被秘密杀害于杭州城外的拱宸桥，享年仅 39 岁。

二、龙华烈士龙大道

龙大道，原名龙康庄，1901 年农历 8 月 24 日生于今贵州省锦屏县茅坪村。他在家乡读完小学后，即赴武汉、南京等地读书，后又入天津南开大学学习，并积极参加革命活动。1922 年考入上海大学，接受邓中夏、瞿秋白等人的革命思想教育。1923 年 11 月加入中国共产党，成为中国工人运动的先驱者和活动家。

1924 年秋，龙大道被派赴苏联莫斯科东方大学学习。1925 年冬毕业回国，被派到上海从事工人运动。1926 年 5 月，任中共上海曹家渡部委书记兼工人部部长。9 月调到上海总工会组织部工作，后任中共闸北部委书记。

1926 年，毛泽东来到上海，经周恩来介绍，龙大道与毛泽东见面。当毛泽东问龙大道是哪里人时，龙大道用湘黔边地方言回答：“我是贵

州锦屏的，与湘西邻边。”毛泽东风趣地说：“原来我们还是半边老乡哩!”接着，毛泽东称赞“龙大道”这个名字取得好。当毛泽东听周恩来说龙大道还有另外一个名字时，饶有兴致地问：“你还有一个么子名字？说来叫我们开开眼界!”龙大道介绍说：“按家里的族谱，我这一辈的氏辈是‘康’字，所以，家里原来给我起的名字叫‘康庄’。我在上海大学入党后，仿佛找到了通向共产主义的光明大道，所以就把‘康庄’的名字改为‘大道’了。”毛泽东听后又风趣地说：“好嘛，你这个半边老乡可想得十全十美啊！不过，‘康庄’和‘大道’你都占着了，那我和恩来还有什么出路呢?”龙大道也幽默地回答：“你不是常说，大路朝天，各走各边吗？何况我们为了革命的目标今天都走到一起来了嘛!”周恩来在一旁笑道：“看我们的大道同志，也是伶牙俐齿，不愧为湘黔老乡贵州俊才嘛!”

1927 年 1 月龙大道任上海总工会主席团委员兼秘书长。3 月任上海总工会常务委员兼经济斗争部部长，参与领导上海工人第二次武装起义的组织发动。在第三次工人武装起义时任闸北区指挥，并取得战斗的胜利。龙大道经常深入工厂，与工人共同劳动，进行革命宣传与组织，受到工人们的尊敬和爱戴。“四一二”政变发生时，龙大道指挥工人纠察队进行抵抗，身受重伤，后转移至武汉。4、5 月间，龙大道出席中国共产党第五次全国代表大会。6 月率上海工人代表团参加第四次全国劳动大会，在大会上控诉蒋介石屠杀上海工人的血腥罪行。会后留在中华全国总工会和湖北省总工会工作。

大革命失败后，龙大道化名赵庄去汉阳兵工厂组织工人罢工，不久被国民党军警逮捕入狱。面对敌人酷刑和威逼，他坚贞不屈，大义凛然。不久经过周密准备，带领几十个难友越狱脱险。同年冬参加中共汉阳县委领导，被选为湖北省委候补委员。1928 年 3 月组织遭破坏后返回上海。4月被党中央派到宁波，任中共浙江省委工人部部长。5月任中共浙江省委常务委员、代理书记，在杭州主持省委领导恢复、改造各级党部，加强浙西、浙南党的领导。后仍任省委常务委员兼工人部部长。12月被党中央调回上海。

龙大道烈士陵园雕像　（陆景川提供）

1930年龙大道初任上海总工会秘书长。8月参与发起成立中国自由运动大同盟，任主席兼中共党团书记。曾参与领导浦东日华纱厂和闸北、虹口丝厂的工人罢工斗争。

1931年1月17日，龙大道被国民党当局逮捕，2月7日与林育南等24位同志在上海龙华惨遭杀害，享年仅30岁。

三、共和国第一大将粟裕

中华人民共和国开国领袖毛泽东主席称："我的这些战友中，就数粟裕最会打仗。"刘少奇主席称：粟裕领导的新四军第一师"在抗战中建立了最大的功劳，在我全军以第一师部队作战最多，战果最大"。刘伯承元帅称："粟裕同志智深勇沉，非常优秀，百战百胜，有古名将之风，是我军最优秀的将领，是中国的战略家。"陈毅元帅称："粟裕受过人家的打击，决不会打击人家。"开国领袖和元帅们称赞的这位人物就是侗族人民的儿子、共和国第一大将——粟裕。

1907年8月10日，粟裕出生于今湖南省怀化市会同县枫木树脚

村。幼年在当地“振武学堂”读书。1924 年 3 月，进湖南省立第二师范学校（常德）附小学习。1925 年春，考上省立二师。“四一二”政变后，粟裕等进步学生被秘密转移到武昌，被共产党党组织安排到叶挺领导的二十四师教导大队任学员班长。1926 年 11 月粟裕加入中国共产主义青年团，1927 年 6 月加入中国共产党。1927 年 8 月 1 日参加南昌起义，任起义军总指挥部警卫队班长。1928 年 1 月，参加湘西起义，而后上井冈山。在井冈山时，曾任连党代表、连长、营长、团长、师长、军参谋长等职。1934 年 7 月，粟裕率红七军团组成北上抗日先遣队赴皖、浙、赣边区创建革命根据地。1935 年 2 月，根据中共中央指示挺进浙江创建新的根据地，初任挺进师师长，后任闽浙边临时省军区司令员、省委组织部长等。1938 年 3 月，率浙闽边抗日游击总队开赴皖南，加入新四军战斗行列，并亲自指挥黄桥战役、曹甸战役等，打开了华中抗战新局面。1941 年 1 月“皖南事变”后，粟裕任新四军第一师师长兼政治委员，继任苏中军区司令员兼政治委员，领导和指挥“七保三仓”、“五保丰利”、“十团大战”等大小战役，向苏中各地日伪军薄弱据点广泛出击。1942 年 1 月，粟裕率第一师指挥机关转移到苏中第四分区，具体指导第四分区的反“扫荡”斗争。5 月，抗日军政大学苏中大队改称抗大九分校，粟裕兼任校长。1944 年 3 月，粟裕指挥的车桥战役歼灭日军官兵 460 余人、

粟裕像　（吴跃军提供）

伪军480余人，消息传到延安，毛泽东高兴地说："这个从士兵成长起来的人，将来可以指挥四五十万军队。"1945年2月，粟裕率一师主力渡江南下，任苏浙军区司令员兼政委，指挥浙西三次反顽战役，歼国民党顽军1.3万人。1945年6月，在党的"七大"上，粟裕当选为中央候补委员，8月任南京特别市市长，继任华中军区副司令员、华中野战军司令员。1947年1月粟裕任华东野战军副司令员，中央军委令其负责战役指挥，先后发起了宿北战役、鲁南战役、莱芜战役、泰蒙战役、孟良崮战役等，共歼敌7个军和1个快速纵队，其中包括国民党号称"王牌军"的整编第七十四师，因而实现了华东战区由内线向外线、从防御到进攻的战略转折。1948年1～4月，粟裕提出缓渡江南，集中兵力在黄淮地区打大歼灭战的建议，后被中共中央采纳并任命粟裕为华东野战军司令员兼政委，因粟裕本人推辞，后改任代司令员兼代政委，1948年6月兼任豫皖苏军区司令员。1948年9月粟裕指挥济南战役，歼敌10万余人。9月24日粟裕提出进行淮海战役的建议，经中央军委批准，于11月6日打响，粟裕作为中共淮海前线总前委成员之一，指挥华东野战军17个纵队作战，歼灭国民党军44万余人，所以毛泽东说："淮海战役，粟裕同志立了第一功。"

中华人民共和国成立后，粟裕历任解放台湾工作委员会主任、中国人民革命军事委员会副总参谋长、中国人民解放军总参谋长、国防部副部长、军事科学院副院长、第一政治委员、中共中央军委常务委员、中共第八届至第十一届中央委员、第一至第三届国防委员会委员、第三至第五届全国人大常委会副委员长、中共中央顾问委员会常委等职。1955年粟裕被授予大将军衔，获一级八一勋章、一级独立自由勋章、一级解放勋章。1984年2月5日，粟裕在北京病逝，享年77岁。

四、红军"大管家"杨至成

杨至成1903年出生在今贵州省三穗县城郊的一个侗族家庭。1919

年在贵州甲种农业学校学习期间，曾参加过贵州学生声援北平青年“五四”运动的爱国游行活动，农校毕业后参加滇黔联军准备北伐。1926 年 3 月，杨至成在广州考取黄埔军官学校第五期，经周逸群介绍加入中国共产主义青年团，次年 3 月转入中国共产党，接着在贺龙的二十军任连指导员。1927 年 8 月 1 日，参加周恩来、朱德领导的“南昌起义”。1928 年 1 月参加湘南起义，同年 4 月随朱德、陈毅到井冈山，任工农革命军（后称工农红军）第四军 28 团连长。1929 年后，历任红四军、红十二军副官长，中央军事政治学校校务部部长，中央革命军事委员会总经理部兼红军总兵站主任、总供给部部长兼政治委员，负责组织兵工、军需、医药生产和物资供给，并创办后勤学校，培养后勤干部。当时，山上不仅医疗院所设施简陋，而且医生极度缺乏。更困难的是缺少医疗器械和药品，为了挽救战友生命，杨至成和医院、医疗所的同志一起上山采挖中草药为红军战士医伤治病。井冈山的竹子多，他们便用比较粗的竹筒制成消毒盆、便盆、脓血盆，把竹片削薄用火烤弯后，制成一把把镊子，担架和手术床等也是用竹子做成。最困难时，医院连消毒用的盐都找不到，他们只能用开水为伤员洗伤口。1934 年 10 月杨至成参加长征。1935 年 1 月遵义会议后，任军委先遣工作团主任。到达陕北后，

杨至成像　（陆景川提供）

任红一方面军后勤部部长，军委后勤部部长兼红军前敌总指挥部总兵站部部长。抗日战争全面爆发后，杨至成任中央军委总供给部部长兼黄河两延（延长、延川）卫戍司令员、抗日军政大学校务部部长。1938年冬因病到苏联就医，后入苏共远东局党校、伏龙芝军事学院学习。1946年1月回国后，任东北民主联军总后勤部政治委员，先后在佳木斯、哈尔滨、牡丹江、齐齐哈尔和鸡西等地组织领导军工生产。1948年任东北野战军军需部部长，大力组织扩建军需工厂、兵站、医院和仓库，为部队进行辽沈、平津战役提供了强有力的物资保障。

1949年后，历任华中军区、中南军区军需部部长，中南军政委员会轻工业部部长，中南军区第一副参谋长兼后勤部部长，中国人民解放军武装力量监察部副部长，军事科学院副院长兼院务部部长，高等军事学院副院长等职，为军队现代化正规化建设作出了重要贡献。1955年被授予上将军衔。历任第二、第三届国防委员会委员，第三届全国人民代表大会常务委员会委员。1957年12月，毛泽东在中南海请杨至成及夫人吃饭时说：“你这个供给部长，管了我好多年的饭，今天就让我管你一顿饭!”1967年2月3日杨至成于北京病逝，享年64岁。

第二章

没有国王的王国——侗款

东晋大诗人陶渊明在他所著的《桃花源记》中讲述了一个“世外桃源”的故事。这个故事并不是作者凭空想象的虚构，而是当时某些边远地区社会现实生活的客观描写。侗族祖先自古以来隐居于湘黔桂边界地区，古称“武陵”或“五溪”之地，所以有学者称侗族地区为“桃源深处”。“侗款”是侗族古代社会的一种民间自治和民间自卫组织形式，是前国家社会组织形式的一种“活化石”，所以有人称之为“没有国王的王国”。本章将向读者介绍侗款的产生与发展、侗款的组织结构、原始的公民社会、侗族民间法典——《约法款》、侗款对现代侗族社会的影响等。

第一节　侗款的产生与发展

侗款是侗族古代社会的一种民间自治和民间自卫组织，侗语称之为“款”（Kuant）。

侗款大约起源于原始氏族社会时期的族外群婚制时代。在这个时代里，同一氏族的男女青年已经不能通婚，他们必须到另外一个氏族或另外一个村寨去寻找异性伴侣。然而，在这个时代里，“一夫一妻制”的婚姻关系又尚未确立，不同氏族的青年男女，都可以互为

"Saox Biius"（表夫）或者"Maix Biius"（表妻）。而且，姐姐或妹妹所生的女儿又必须嫁给哥哥或弟弟的儿子，即我们常说的"姑表婚制"或"女还舅家"。于是，在传统的侗族社会中便形成了一个个相对稳固的婚姻集团。这种婚姻集团的联系纽带便是同辈分的青年男女。他们以歌为媒，谈情说爱，常来常往，并带动或促进整个氏族或村寨成员之间的友好交往，侗语称之为"weex dingh"或"weex gkuant"。正是这种常来常往，使相关氏族之间逐步形成诸多的共同利益——包括经济利益和政治利益，如山林、水源、田土、荣辱等。为了维护这种共同利益，这些婚姻集团又逐步发展成为政治联盟或军事联盟。这就是社会学和历史学家们常说的"氏族联盟"或"部落联盟"。古代侗族社会中的民间自治和民间自卫组织——"款"组织就是属于这样的"氏族联盟"或"部落联盟"。

款首讲款 （邓敏文摄）

侗族是古代越人的后裔。西汉淮南王刘安在其所著《淮南子·人间训》中就已经有“镡城”（今湘黔桂边界）一带越人“相置桀骏以为将”的记载。唐末五代十国时期，湘、黔、桂边界又出现了以杨再思为首的“十洞首领”（实际就是款首）。北宋淳熙三年（1176年），又有靖州（今湖南靖州）中洞姚民敖“环地百里合为一款，抗敌官军”的记载（宋人李诵《受降台记》）。宋人洪迈在其所著《容斋随笔·渠阳蛮俗》、宋人朱辅在其所著《溪蛮丛笑》、宋人周去非在其所著《岭外代答》等书中都有关于当地“蛮夷”联款自治或自卫的汉文史料。明清时期的地方史志和文人笔记，更有诸多关于侗款的详细记载。直至民国八年（1919年），还有今贵州省黎平县岩洞镇竹坪村款首孔如白等人组织的联款活动。由此可知，款组织在侗族社会中至少已经有1000多年的历史，其分布地域涵盖湘、黔、桂边界十多个侗族聚居县①。

第二节　侗款的组织结构

家庭是侗族社会的最小单位，房族是侗款组织的基础。房族是由同一父系血缘关系的家庭组成。房族的族长自然形成，一般由辈分最高、年岁最长并最有威望的老人担任。如有重要事情，族长有权召集各家家长开会，以商定房族内部各种重要事务，如迎宾待客、婚丧嫁娶等。

村寨由同一村寨各房族组成。村寨的重大事务由寨老会议商量决定。如修建鼓楼、全村祭祀、接待宾客、制定寨规等。寨老会的组成人员一般是各房族的族长，也称“寨老”。

“小款”由邻近的几个或十几个村寨组成，有的也称之为“洞”

① 详见邓敏文、吴浩合著的《没有国王的王国——侗款研究》一书，中国社会科学出版社1995年1月出版。

(Dongh) 或“团”(Donc)。小款是古代侗族社会最常见并最有生命力的民间组织。如“六洞”、“九洞”、“十洞”都是当年的几个著名小款。“六洞”包括今贵州省黎平县肇兴、皮林，从江县龙图、贯洞等地。“九洞”包括今从江县信地、高传、五架、增盈、得桥、牙现、坪楼、增冲、朝利、贡寨、孔寨、新民、则里、秧里、会里、得秋以及榕江县境内的归柳等十多个侗族或苗族村寨。“十洞”包括今黎平县竹坪、新洞、岩洞、朋岩、述洞、铜关、寨拱、平吝、迷洞、己炭、四寨、坑洞、山洞（三龙）等十多个侗族或苗族村寨。

十洞款碑 （邓敏文摄）

“大款”是由若干个小款联合组成，具有更广泛的地域特性。特大款是由若干个大款联合组成，具有全民族最大限度联合起来的地域特性。从历史学和社会学的角度看，大款和特大款都具有原始部落联盟的性质。

大款和特大款都不是稳固和常见的社会组织形式，而是在特定的历史阶段中根据某种特殊需要临时组合的社会组织。当这种特殊需要的历史阶段过去之后或历史使命完成之后，大款或特大款这种社会组织也就自动消失了。

在侗族历史上，这种大款或特大款的组织形式出现的概率很少。根据目前所掌握的资料，大款或特大款在侗族历史上大概只有三次：

一次是唐末五代十国时期由杨再思及其子孙统领的湘、黔、桂边界“十洞”地区的联款活动。再次是明朝洪武年间由吴勉父子统领的“头在古州（今贵州省榕江县），尾在柳州（今广西柳州市）”，号称二十万众的侗族农民大起义。第三次是清朝乾隆年间由“十洞”款首吴公海等人发起的、以“破姓开亲”为主要议题的、有湘黔桂边界九十九个著名侗族村寨头人参加的婚姻改革联席会议。

由此可知，大款或特大款的出现，主要是为了抗拒外来侵扰（自卫）和解决涉及全民族性质的重大问题（自治）。

第三节　原始的公民社会

侗款具有前国家社会管理体制的性质，具有原始公民社会的特征。无论“大款”或“小款”，都有自己的“款众”、“款首”、“款脚”、“款军”、“款坪”、“款约”、“款碑”等。

“款众”是指款组织全体成员，也就是款组织管辖地域范围内的全体民众或自然人。他们都有获得帮助和受保护的权利，也有遵守款规款约的义务。

“款首”是款组织的头领。小款首由有关村寨的寨老或头人推举；大款首由小款首推举。不称职者，可以随时撤换或者改选。当然，在实际操作过程中，也常用一些比较特殊的办法推举款首。如关于吴勉“倒栽树”的传说中讲：起义之初，能人很多，谁来当款首呢？大家议论纷纷。最后有人提议：让这些能人都来栽树，让树根朝天，树尖朝地，栽进土里。看谁能把树栽活，谁就是大款首。结果，只有吴勉栽的那棵树成活了，于是吴勉就成了那次农民起义的首领——大款首。这些传说当然不一定就是事实，但它表明：充当款首必须有一些比常人特殊的本事，平庸者是当不了款首的。充当款首的基本条件是：为人正直，办事公道；熟悉款规款约，并能当众宣讲；了解款的历史，并有一定的组织才能；受众人拥护，有较高的威望。家庭经济条件并不是当选款首的主要条件。据调查了解，多数款首都出身于中等经济地位的家庭，多数款首都具有某种独特的技艺专长，如著名歌师、戏师、鬼师、武术师、款词讲述师等。款首平时跟当地村民一样参加生产劳动，没有任何特殊权利和待遇，也没有专门的办事机构和办事地点，只是遇有重大纠纷需要处理或遇有战事需要指挥时，款首才出来组织召开有关会议或指挥作战。在侗族历史上，每一个历史时期都有一些比较著名的款首。如远古时期的六郎、萨岁（女）、贯公、九库、石岛等；唐宋时期的杨再思、潘金盛、杨承磊、姜思益等；元明时期的吴勉、林宽等；清代及近代的吴金银、陆大汉、吴公海、吴文彩、陆大用、陆本松、吴万麻、吴朝堂、梁维干、潘通发、石国佐、石大力、吴培尧（女）、杨志太、杨显刚、王均臣、吴吉彪等。

款组织有自己的公务人员——“款脚”，或简称为“脚”，一般由无产无业的独身男子充当。款脚是侗族村寨里唯一“吃公家饭”的人。款脚的主要职责是传递信息、通知开会、看管鼓楼、打扫卫生、敲锣喊寨等。遇有紧急情况，款脚必须将款首交给的“火急木牌”尽快传递到有关村寨，以争取各方支援。平时负责看管鼓楼，生火添柴，打扫卫生等。每天晚上他还要负责敲锣喊寨，请大家注意防火、防盗。款脚的衣食主要靠大家捐给，或吃派饭（每天一户），或由各家各户捐粮、捐油、捐衣服给他。村民们是他的衣食父母，所以他必须接受村民们的监督，不能偷懒。

“款军”是款组织的武装力量。款军由各村寨的青壮年男子组成，侗语称之为“款尚”（Kuant Xangl）。款尚都是当地的普通农民，平时在各家各户参加生产劳动，遇有外敌侵扰、盗贼来犯或其他紧急情况，

款首即通知款脚发号施令——敲响鼓楼顶上的牛皮大鼓或敲锣喊寨召集款尚。款尚听到号令，无论是在家里或者是在山上干活，都必须赶紧聚集到鼓楼坪上或其他指定的集合地点。如有延误或无故不到，将受到公众的谴责或款组织的惩处。款军的主要职责是捍卫民族利益，维护地方治安。款军没有统一配备的武器和给养，火铳、鸟枪、刀剑、棍棒等武器和随身带的干粮等，全部由自己准备。款军没有严格的建制和固定的编制，也没有班长、排长、连长、营长等级别的指挥官。款军一般是以房族、村寨、小款、大款为单位临时组建，分别由族长、寨老、小款首、大款首或临时推举的人员指挥。其人数也不固定，能来多少就是多少。款军平时没有什么训练科目和训练时间，只是每年春节期间祭祀最高女神萨岁时，都要进行“军事演习”——到村外打靶或放排枪。“演习”结束，还要用枪尖挑些事先做好的稻草人返回村寨，以示得胜归来。每次出征迎战，全体款尚还要到萨岁堂去祭祀萨岁，喝萨岁茶，并从萨岁堂内摘一片树叶戴在头上或者身上，以示萨岁跟随保佑得胜归来。

“款坪”是款组织固定的集会场所，侗语称 Bingc Kuant。有的款坪就设在一些大村寨的鼓楼坪上，有的款坪则设在离村寨不远的比较平坦的山坡上或河坝中。如杨柳坪、道上坪、井元坪以及江箭坡款坪都是一些比较著名的侗款的集会场所。流传于湘、黔、桂边界侗族民间的款词《Xibx Samp Bingc Kuant》（《十三款坪》）比较详细地介绍了这一地区 13 个款坪的地理位置及所辖村寨，是这一地区侗款组织的“地理志”，具有十分重要的史料价值。款坪内没有什么特殊的房屋建筑，一般只有一个供款首念诵款词或发布号令的土台或者石台。此外，还有一些象征或记录款规款约或重要事件的款碑。款坪的出现，标志着侗族祖先的血缘观念正逐步向地缘观念转化，它是一种朴素的、原始的民族区域自治的象征。

第四节 侗族民间法典——《约法款》

侗款有自己的约法规章——《约法款》，侗语称“Lix Yedc”（约束的话）。《约法款》的条文虽然不多，总共只有 18 条，但内容却十分丰富，十分广泛，几乎囊括侗族社会生产、生活的方方面面，还包括对犯者的处理原则、手段、办法以及劝教等。《约法款》实际上就是侗族的民间法典。下面让我们逐条加以分析介绍：

“六面阴规”是从重处罚的条款，对犯者一般都要处死。如第一条（一层一部）是对破坏风水、斩断龙脉、骑坟葬祖、挖坟平墓者的处理。第二条（二层二部）是对上拱禾仓、下偷金银、拱田埂、挖鱼窝、挖墙拱壁等偷盗行为的处理。第三条（三层三部）是对拦路抢劫、掠夺金银、深山抓人、路上杀人、放火烧屋、放火毁林等谋财害命、杀人放火者的处理。第四条（四层四部）是对破坏礼仪，扰乱条规等严重违反伦理道德行为的处理。第五条（五层五部）是对塘里偷鱼、田里偷谷等破坏生产行为的处理。第六条（六层六部）是对拿吊耳当桶卖、拿谷芒当谷卖、卖基石过河、卖空名过县等欺诈行为的处理。上述行为，都属于“罪大如天，恶深如海”，一般都要处以极刑（处死），所以称之为“阴规”。

“六面阳规”是从轻处罚的条款，对犯者一般都采用罚款、赔偿、悔过等方式的处理。如第一条（一层一部）是对不守规矩者、未婚先孕者、悔婚毁约者的处理。第二条（二层二部）是对依势逼婚、逞强抢婚者的处理。第三条（三层三部）是对上山偷鸟套、下河盗鱼钩、进村偷鸡、下河偷鸭等小偷小摸者的处理。第四条（四层四部）是对扛斧上山、背刀窜岭、进山偷柴、钻林偷笋等破坏山林者的处理。第五条（五层五部）是对偷山塘、开水坝、挖田埂、毁渠道等破坏水源者的处理。第六条（六层六部）是对偷菜、偷瓜、偷红薯、偷豆角等

小偷小摸者的处理。这些违法行为，都属于轻罪，一般不处以极刑，都可以免死，所以称之为“阳规”。

“六面威规”是属于劝教、警告方面的条款，其主要目的是起到警示、威慑的作用，所以称之为“威规”。如第一条（一层一部）是劝教人们要相互尊重，不要吃饭脏碗，睡床脏毯；不要吃一碗，乱一庹，睡一时，乱一季，要遵守社会公德。第二条（二层二部）是劝教人们要友好往来，不要“用树叶阻塞渠水，用蜘蛛网隔断山岭”（比喻断绝交往）；还劝教人们做米共簸箕，做水共条枧，相识成好友，联姻成好亲。第三条（三层三部）是劝教兄弟之间要团结和睦，“要像石崖千年不塌，要像石山万代不崩”。第四条（四层四部）是警告人们不要袒护和包庇坏人坏事，对坏人坏事“莫拿虎皮来遮”，“莫拿龙皮来盖”。第五条（五层五部）是劝告人们不要安仇挟恨，苗族、瑶族、壮族、侗族等各民族要和睦相处。第六条（六层六部）是劝教并警告人们处理罪犯要注重真凭实据，“实就是实，假就是假。实事同处置，假事同解决”。对那些拒不认罪，顽抗抵赖者要严肃处理，“不怕他像钢一样硬，不怕他像铜一样韧。是钢也要把他捶碎，是铜也要把他擂熔”。

《约法款》还有一段意味深长的“结尾词”，其主要内容是讲制定和实施《约法款》的目的和意义，并号召人们个个牢记，人人遵守。如“依东山岩，依祖公话。依齐齐，依稳稳。稳过高山岭，强过虎龙豹。百人同条心，百村同条规。坏人绝种，坏事绝根。舞脚随心愿，拍手寻欢乐。人人同声，梳梳同齿。”

《约法款》是侗族古代社会的民间法典，其体系结构非常独特。它是通过三个方面——“六面阴”、“六面阳”、“六面威”来表达重罪、轻罪及劝教这三个方面的内容，使人们容易领会，容易理解，容易记忆，也使犯者能根据自己的犯罪事实给自己定罪，无须进行复杂的审判程序，这在古今中外法典史是十分罕见的。

用“六面阴”和“六面阳”来区分“死罪”与“活罪”也很具有侗族特色。侗族人相信万物有灵，灵魂不灭。在侗族人的信仰世界中，没有“天堂”与“地狱”之分，只有“阴间”与“阳间”之别。所谓“阴间”，就是人死后灵魂归去的地方；所谓“阳间”，就是人活着生存的这个世界。阴、阳同在，相互依存，相互转换。某人在“阳间”犯了死罪，可以到“阴间”去改过自新，重新做人；某人在“阴间”表现良好，认罪伏法，也可以回到“阳间”重新做人。所以，《约法款》在实施过程中能做到心服口服，很少有违众抗法的行为发生。

将劝教或警告方面的条款《六面威》也纳入《约法款》中，这在中外法律史上恐怕也不多见。这样的条款既反映出侗族人民的善良心理，希望大家都能遵纪守法，不要犯罪，也反映出侗族《约法款》的根本宗旨是预防犯罪，“治病救人”。

古今中外的法律文本，都是用严肃、谨慎的语言表达，而侗族《约法款》则多用生动形象的艺术语言来表达。其中包括明喻、暗喻、排比等修辞手段。如“大事惊天庭，深仇震海底”（形容事关重大）；“虎胆龙声，狗肚狼肠”（比喻狠毒）；“把斧头称锄头，把鼎罐称锅头”（暗喻乱伦）；“一条竹笋脱几层壳，一根树木剥几层皮”（比喻勒索盘剥）；“酸坛冒出竹笋，酸桶蕨菜发芽”（暗比未婚先孕）等。

《约法款》一般是以口头的形式由款首向款众发布。汉文传入侗族地区之后，学过汉文的款首或当地文人也采用汉字记侗语的办法将《约法款》写在纸上，因而产生了侗族的“成文法”，侗语称之为“Leec Kuant”（款书）。再后来，一些学过汉语汉文的款首将这些条款或部分条款翻译成汉语汉文篆刻在石碑上，因而出现了有字款碑。如“十洞”小款于清朝乾隆二十二年（1757 年）二月初五在今贵州省黎平县竹坪村罗汉坡脚竖立的《款禁碑》写道：“今天下承平日久，屯寨杂处，女织男耕，熙熙攘攘，均沾皇恩升平之世。如无数年来，有无

知之棍徒，约济两三人，一入其寨，或偷牛盗禾，或挖墙穿壁，或盗鸡鸭，或盗羊，受害无休。兹我众寨商议，立禁款禁，以安地方事。如有偷盗，拿获查实者，通历众寨，绑捆款上，立即打死。一不许赴官；二不许动凶；三不许隐匿抗违。如有三条查一，同治罪。”

正是这种非常独特的体系结构和“阴”“阳”分明约法规章，才使《约法款》在侗族社会中深入人心，家喻户晓，人人皆知，使传统的侗族社会长期处于夜不闭户路不拾遗的和谐与安宁状况。

第五节　侗款对现代侗族社会的影响

侗款作为一种长期存在的社会组织，虽然早在20世纪40年代就退出了历史舞台。但它作为一种文化现象，在侗族人民的现实生活中，还存留着一些影响。如20世纪70年代末和80年代初，一些侗族聚居地区创造了一种类似“约法款”的民间规约——“村规民约”或“乡规民约”。这种民间规约也是多用汉文书写，有的写在木碑上并挂在古楼里；有的用蜡纸刻印，然后分发给各家各户张贴在大门上；也有极少数刻在石碑上，然后将石碑立在鼓楼坪里或其他公共场所。

又如，侗族地区的老人协会实际上就是仿照历史上的款首制或寨老制建立起来的。老人协会的领导成员都是不脱产的普通农民，他们既没有什么特殊权利，也没有什么额外报酬。他们平时参加生产劳动或在家养老，有事大家就聚集商议，不计报酬，义务参加村寨的管理活动。老人协会的领导成员都必须秉公办事，在群众中有一定的威望。这同过去的款首也没有多少差别。两者的主要区别是：老人协会的成员人数众多，有时由数十人组成；而款首每村一般只有3～5人。另外，老人协会的一般成员无须经过村民推选，愿者便可参加。其领导成员，通常也不由全体村民推选，有的是由老人协会的成员公推，有的则由乡村党政机关指定；而款首则必须由全体村民民主推选，他们都是一些自然形成的领袖人物。所以说，款组织的威望比老人协会的威望要高得多。

新中国成立后，特别是党的十一届三中全会以来，侗族地区的农业和林业生产责任制逐步推行，商品经济逐步发展，交通不断得到改善。随着“打工潮”的出现和外来文化、现代文化的迅猛涌入，侗款文化也和其他传统文化一样正在发生着新的变化。

为了继承和弘扬优秀的侗款文化，促进社会和谐，发展当地旅游业，原“十洞”小款相关村寨在当地人民政府的引导和支持下，从2000年开始，每年由相关村寨负责承办当年“十洞款会”。此前已分别由述洞、三龙、四寨承办了三届“十洞款会”，引来国内外众多宾客，增强了当地各族人民的传统友谊，促进了当地民间文化事业和旅游业的发展。

2010年“十洞款会”的热闹场面　（邓敏文摄）

第三章

侗族人口的变迁

物以类聚，人以群分。所谓民族就是一些具有共同语言、共同地域、共同经济生活和表现在文化上的共同心理素质的人类群体。这个人类群体不是一成不变的，而是随着历史的变迁不断地发生变化。本章将向读者介绍侗族人口的变迁，其中包括侗族人口数量的变迁，侗族人口素质的变迁，侗族人口观念的变迁和侗族人口分布格局的变迁等。

第一节　侗族人口数量的变迁

中华人民共和国成立以前，因为侗族人口数量没有详细记录，现在我们无从知晓其具体数量。

中华人民共和国成立之后，中国政府已经分别于 1953 年、1964 年、1982 年、1990 年、2000 年、2010 年进行过六次人口普查。其中全国侗族人口总数分别是：1953 年 71.28 万人；1964 年 83.61 万人；1982 年 142.64 万人；1990 年 250.86 万人；2000 年 296.03 万人；2010 年 287.99 万人。1982 年以后的普查数据包括新识别的侗族人口数。下面仅以 2000 年和 2010 年全国侗族人口的相关数据进行比较概述侗族人口数量的变迁情况。

2000 年全国侗族总人口为 296.03 万人，其中男性 156.66 万人，女性 139.37 万人。2010 年全国侗族总人口为 287.99 万人，其中男性 151.19 万人，女性 136.80 万人。两相对比，性别比没有太大变化。

在全国 287.99 万侗族总人口中，贵州省有 143.19 万人；湖南省有 85.49 万人；广西壮族自治区有 30.55 万人。此外，拥有侗族人口万人以上的省市还有浙江 8.81 万人；广东 8.35 万人；湖北 5.21 万人；福建 1.56 万人；江苏 1.23 万人。拥有侗族人口万人以下千人以上的省市有上海 7787 人；云南 4389 人；北京 3774 人；重庆 3271 人；四川 2376 人；江西 2189 人；安徽 2147 人；海南 1819 人；河北 1451 人。

岩洞村侗人 （邓敏文摄）

从 2000 年和 2010 年侗族人口分布变迁情况看，贵州从 2000 年的 162.86 万人减少到 2010 年的 143.19 万人，湖北从 2000 年的 6.7 万人减少到 2010 年的 5.21 万人。而浙江、广东、福建、江苏、上海、北京、重庆等沿海地区及大中城市人口的迅速增加，说明近 10 年来，西部及贫困地区的侗族人口正在向东部及大中城市经济发达地区转移。

2010 年侗族的城镇人口共 87.74 万人，占侗族总人口的 30%左右。虽然比 10 年前的 52.99 万人增加了 34.75 万人，但侗族的乡村人口仍在 200 万人以上。由此可知，当前侗族仍然是一个以聚居边远贫困乡村为主的民族。

从年龄结构看，2010 年侗族少年儿童（0～14 岁）共 65.17 万人，占侗族总人口的 22.62%；劳动年龄人口（15～64 岁）共 197.68 万人，占侗族总人口的 68.66%；老年人口（65 岁及以上）共 25.15 万人，占侗族总人口的 8.72%。与 10 年前的 2000 年相比，少年儿童人口比重下降了 5.17 个百分点，劳动年龄人口比重和老年人口比重分别增加了 2.63 和 2.54 个百分点。由此可知，侗族与全国一样，也正面临着人口老龄化变迁过程。

第二节　侗族人口素质的变迁

人是万物之灵，万事之主，人口素质的变迁是社会变迁的基础和动力。

人口素质在很大程度上取决于教育水平。中华人民共和国成立以前，侗族聚居区交通闭塞，信息不灵，社会经济文化发展水平都很低，侗族人口的总体教育水平也很低，能识文断字的侗族人很少，90%以上的侗族妇女都是文盲。能读到高中、大学的侗族子女可以说是凤毛麟角。

2010年，全国6岁及以上的侗族人口共261.91万人。其中，受过小学或小学以上教育的共244.58万人，占该年龄段侗族人口的93.38%，比10年前的87.90%增加了5.48个百分点；受过初中及以上教育的共142.21万人，占该年龄段侗族人口的54.29%，比10年前的38.13%增加了16.16个百分点；受过高中及中专以上教育的共40.88万人，占该年龄段侗族人口的15.60%，比10年前的9.75%增加了6.85个百分点；受过大专或大学以上教育的共16.16万人，占该年龄段侗族总人口的6.17%，比10年前的2.07%增加了4.1个百分点。

以侗族聚居人口最多的黎平县为例，直至1958年黎平中学才开始设立高中部，1960年才开始有高中毕业班。1963年，全县30多万人口，只有15位高中毕业生，其中侗族只有2位。当年考上大学的全县只有3位，其中侗族2位。由此可知当时该县的教育发展水平还很低，其他侗族聚居县大体也是如此。而2012年，仅黎平一中就有1764名高中毕业生参加高考，虽然我们还不知道究竟有多少学生能考上大学，但从历年的录取情况来看，至少有1000名以上的考生可以圆大学梦。其中肯定会有一半以上是侗族子女。由此可知，侗族的人口素质正在发生根本性的变化。随着人口素质的不断提高，侗族社会的不断进步也就自然而然了。

第三节 侗族人口观念的变迁

今贵州省从江县占里村是一个普普通通的侗族村寨，因为40多年人口自然增长率几乎为零的奇迹，曾被媒体炒得沸沸扬扬而名扬中外。

据贵州省从江县计划生育部门和相关媒体介绍：1952年，占里侗寨有168户人家，人口总数为729人。至2000年，该寨却只有154户

人家，人口总数也只有739人。在整整48年的时间里，占里的总人口只增加了10人，自然增长率几乎为零，而总户数却减少16户。其中，1980年、1981年、1985年和1986年，占里的人口户数竟然降到了125户，人口总数也降到600多点。直至1992年，占里的人口户数和人口总数才开始逐步回升，但回升的速度也很缓慢。

据当地人介绍：占里村历史上最先提出控制人口增长是在清朝初期，是一位名叫吴公力的祖先根据日益增加的人口压力以及有限的土地资源，召集全寨村民在鼓楼开会给子孙后代定下一条寨规：全寨不能超过160户，人口总数亦不能超过700人；并且一对夫妇最多只能生育两个孩子。而且还明确规定只有拥有50担①稻谷田地的夫妇才可以生育两个孩子，只有30担稻谷田地的夫妇只能生育一个孩子。如有违规者，轻者将其饲养的牲畜强行杀掉煮给全寨人吃，以示谢罪；重者则将其逐出寨门或由其亲属处以重罚。

这种强行规定当然起到了一定的作用，但更重要的还是某种内在的生育意识及生活习俗促使了这种强行规定的有效实施。据田野考察及相关史料得知，占里人最早也是为了谋生从外地辗转迁徙来到这大山深处安身立命。由于山多田少，如果不节制生育，总有一天会没有饭吃。由于产生了这样一种意识，才产生了限定生育的寨规。与此同时还出现了宣传寨规的民间歌谣。如“家养崽多家贫困，树结果多树翻根”；“一株树上一窝雀，多了一窝就挨饿”；“崽多要分田，女多要嫁妆；崽多无田种，女多无银两”；“七百占里是只船，多添人丁必打翻”；等等。这种歌谣的长期灌输，便形成了占里侗人这种独特的生育意识。

从财产继承方面考察，也说明占里人的生育观念不是凭空而来。根据侗族的传统习俗，男孩一般都继承父亲的财产，其中包括稻田、山林、宅基地、房屋、禾仓、耕牛、家禽、家具、农具等。女孩一般都继承母

---

① 担：旧时“担”为“挑”的意思，约100市斤（50公斤）。

亲财产，其中包括棉花地、首饰、布匹、纺织工具等。如果家里有几个男孩或几个女孩，按照侗家的传统习俗，所有继承的财产都要平均分配。这样一来，多生孩子势必会越来越穷。这也是占里人不愿多生孩子的主要原因。如果家里只生女孩没有男孩，父亲的财产就无人继承，在这种情况下，父亲的财产只能交给叔伯兄弟继承，其家庭财产就会旁落。如果只生男孩没有女孩，母亲的财产也无人继承，只能由姑姑（父亲的姐妹）保管。其家庭财产也会旁落。这就是经济上的原因。

再从旧时的婚姻制度考察，侗族实行的是“不落夫家”及“姑舅表亲”的婚姻制度。尽管侗族青年男女结婚的年龄比较小，如占里村青年男女结婚的年龄一般是19～27岁，“不落夫家”一般是3～5年。所谓“不落夫家”，就是新婚夫妇不在一起居住，新娘仍回娘家生活，只有重大节日或农忙时节新娘才到新郎家里住一两天，直至新娘怀孕才正式到新郎家常住。这样一来，新娘怀孕的概率就很小很小，青年男女的实际婚龄比他们结婚的年龄将后延3～5年，由此而实现实质上的晚婚晚育。“姑舅表亲”的实质就是姐妹的女儿必须嫁给兄弟的儿子，是一种近亲结婚的传统习俗。这种习俗肯定会对生育产生不良影响，这也是“少生”的一个重要原因。

总之，“占里现象”是一种非常奇特的现象，也是侗族人民对生态环境保护和人类自身进行调节创造的一种经验，值得认真地加以研究和总结。

第四节　侗族人口分布格局的变迁

所谓人口分布格局的变迁是指人口的迁徙或迁移状况。这种状况与政治、经济、文化发展状况关系密切。

历史上，由于各种政治原因或其他原因，侗族人口迁徙或迁移的

总体状况是自东向西转移，或是从生产生活条件较好的沿海地区、平原地区、交通方便地区向内地或山区转移。侗族迁徙史诗《祖公上大河》就生动地描述了一部分侗族祖先从广东、广西沿海一带沿着珠江——都柳江辗转迁徙到今湘黔桂边界侗族聚居区安家落户的艰难历程。而古歌《祖公落寨》中的一些作品，则反映明朝初年中央封建王朝为了镇压农民起义实行“拨军下屯，拨民下寨”军屯过程中，用武力抢占侗族农民的肥田沃土给屯军耕种，将大批侗族农民赶进边远山区安家落户的历史事实。

20 世纪 80 年代以后，尤其是 21 世纪以后，随着中国工业化、城市化、信息化进程逐步加快，随着侗族人口素质的逐步提高以及打工潮的迅速发展，侗族人口的分布也逐步向大中城市及中、东部经济发达地区转移。如 2010 年全国第六次人口普查部分数据表明：全国侗族总人口是 2 879 974 人，与 2000 年相比，贵州减少 196 640人，湖南增加 12 837 人，广西增加 2426 人，湖北减少 17 826 人，浙江增加 70 200 人，广东增加 27 704 人，福建增加 9840 人，上海增加 5817 人，江苏增加 2752 人，北京增加 2158 人。这一减一增，说明侗族人口的分布格局正在发生新的变化，而这种变化的根本原因是侗族人口素质的提高和经济文化发展的吸引。

三省坡界碑　（石光瑞提供）

第四章

传统的农林经济

唐代大诗人李白在《闻王昌龄左迁龙标遥有此寄》这首诗中写道："杨花落尽子规啼，闻道龙标过五溪。我寄愁心与明月，随风直到夜郎西。"这龙标故县，五溪之地，夜郎古道，就是今日侗族人民繁衍生息的地方，就是今日侗族聚居的地方，我们称之为"侗族地区"或者"侗乡"。这是一片神秘的绿色世界。侗族人民就在这片绿色世界里耕田种地，日出而作，日入而息。

第一节　神秘的绿色世界

一、桃源深处是侗乡

湘、黔、桂边界地区，自古以来就是中国南北文化和东西文化的交汇处或结合部。远在春秋战国时期，大诗人屈原就被流放到今湘西南的湘沅一带，并在其名篇《楚辞·离骚》中写道："兰芷变而不芳兮，荃蕙化而为茅。"今日湖南省芷江侗族自治县就是因为出产兰芷而得名。屈原在其所著的另一名篇《涉江》中，对这一地区当时的自然环境及人文环境也作了生动的描述："入溆浦余儃佪兮，迷不知吾所

如。深林杳以冥冥兮，乃猿狖之所居。山峻高而蔽日兮，下幽晦以多雨。霰雪纷其无垠兮，云霏霏其承宇。哀吾生之无乐兮，幽独处乎山中。”侗族聚居区自古以来都属“武陵之地”及“五溪之源”，东晋诗人陶渊明在其所著《桃花源记》中对这一地区的自然景观和人文情况也作了生动的描述，所以有学者称“桃源深处是侗乡”。

可爱的侗乡　（吴远模提供）

这一地区又正处于贵州、湖南、广西三省边界地区，离大中城市都比较远，所以直至中华人民共和国成立之初绝大多数县城都没有公路，更没有铁路，全靠往来于小河小溪的小木船及肩挑脚运输送物资，加上侗族人“养牛为种田、养猪为过年、养鸡为吃盐”等耻于经商观念的影响，商业很不发达。直至20世纪40年代，“斗米斤盐”（用一斗米换一斤盐巴）的现象在侗族聚居区还普遍存在。至20世纪70年代修通湘黔铁路之后，才有第一条铁路经过侗族聚居区。

闭塞的交通状况，多山多水的自然环境及温和多雨的气候条件，为侗族聚居区的农业和林业生产提供了得天独厚的自然条件。侗族是一个爱山爱水的民族，侗族村寨大多依山傍水。这样的人居环境，决定了他们“靠山吃山，靠水吃水”的生产方式以及爱山爱水的行为方式。有一首叫《大山真美》的侗族大歌是这样唱的：“大山真美，漫山遍岭开鲜花；画眉鸣叫，歌声满山崖。人在花中心欢喜，邀约情伴，大家一起来赏花。假如朋友都来到，咱们同行，登上高山峻岭，互送鲜花，歌声满山崖。”春暖花开，成群结队的青年男女上山挖棉花地、采蕨菜、打秧青，边劳动，边唱歌，鸟语花香，歌声悠扬。这不是传说中的人间仙境，这是侗族人民的现实生活。

侗乡的山四季常青，它不仅仅是青年男女谈情说爱的场所，也是一座座取之不尽的宝库。满山的杉树是最好的建筑和家具材料，侗人的房屋、用具基本上都是用杉木做成。桃、梨、李、杏、杨梅、板栗、锥栗、猕猴桃、人头果等瓜果到处都有，任人采摘。香菇、木耳、蕨菜、竹笋等山货到处都是，不足为珍。

侗乡的水终年常绿，它不仅仅是侗乡舟楫航运的通道，也是灌溉和食物的源泉。河溪两边，水车咿呀，不知疲倦地将河水灌进稻田。春季里，河心处鹅鸭成群，“白毛浮绿水，红掌拨清波”的景象到处可见。夏日里，侗家儿童们在河水里嬉戏玩耍，笑声朗朗。秋冬时节，侗家渔翁有的在岸边垂钓，有的在河边撒网，有的驾船在河中指挥鱼鹰捕鱼。

二、软田水循环系统

常言讲：“土能生万物，地可发千财”。侗族人心目中的土地主要是指稻田。稻田侗语称“daeml yav”。“daeml”在侗语中是“鱼塘”的意思，是指那些人工建造的养鱼池。“yav”是指可以种植水稻的稻田。所以人们一般都把侗族的“daeml yav”翻译成“田塘”。“田塘”也是侗族人心目中财产的代名词。如某家有多少财产常常用有多少“田塘”

来表示。侗族人为什么要把“田”和“塘”紧密地联系在一起？就是因为侗族人的稻田是一种既可以养鱼又可以种稻的土地。由此也可以看出侗族是一个以种植水稻为主的农业民族。侗族在历史上是一个以种植糯稻（禾糯）为主的民族。

侗族的稻田根据其所在的地理位置分梯田或塝田、冲田和坝子田。梯田或塝田约占侗族地区稻田总面积的70%，冲田约占20%，坝子田约占10%。由此可知，侗族是一个以梯田为主的山地稻作民族。侗族地区的梯田沿山修建，层层叠叠，直插云端，是千年万代侗族祖先血汗的结晶。侗族地区的梯田与其他兄弟民族梯田（如广西龙胜县壮族的龙脊梯田、云南哈尼族的哀牢梯田）相比较，其主要特点是周边都有树林。2010年8月，日本梯田学会理事安井一臣先生到贵州省黎平县岩洞镇岩洞村参观当地侗族梯田时深有感触地说：“这么高的山上也有水、有树、有田，的确很了不起！”

侗乡梯田　（吴远模提供）

根据蓄水情况，侗族人将稻田又分成“软田”和“硬田”两种。

所谓“软田”，就是一年四季都蓄水的稻田。所谓“硬田”，就是秋收之后不蓄水的稻田。历史上凡普遍种植糯稻的侗族村寨，“软田”约占稻田总面积80%以上，而“硬田”只占稻田总面积的15%～20%。“软田”和“硬田”不仅仅是蓄水时间的长短不同，在作物品种、耕作制度、耕作技术等方面都大不一样。

水是生命的源泉，是农业的命脉。侗族人喜欢将财富称为“oux naemx”（谷水）。由此可知“水”在他们的心目中与“谷”（粮食）居于同等的地位。没有水就没有粮，没有粮就活不下去。这是最简单的生活原理。那么侗族“软田”里的水又是怎么来的呢？下面就让我们跟着“侗乡水”做一次长途旅行：

首先看看侗族人民如何利用“天水”？天要下雨这是一种自然规律，五洲四海，无论如何干旱，总会有下雨的时候。天下雨了，如何把雨水积蓄起来，不让它白白流走，这是最关键的一步。聪明的侗族人就是靠“软田”把雨水积蓄起来的。我们粗略计算一下：每亩糯稻田的蓄水量将近220立方米。1万亩就是220万立方米。就相当于一个中型水库的蓄水量。更值得重视的是，这220万立方米的水不是积蓄在一起，而是广布在至少666万平方米的土地上。这666万平方米的水域一方面要不断地向地下渗透，不断地补充“地下水”；另一方面，这666万平方米的水域要不断地气化升腾，不断地补充“天上水”。“天上水”变成云雨，又降落到侗家人的“软田”里。“地下水”变成泉水，又不断流进侗家人的“软田”里。殊途同归，来回往复，形成侗族地区特有的“水循环系统”。

下面让我们再看看这“地下水”是怎样流进侗家人的“软田”里去的？如上所述，侗族地区到处都是终年蓄水的“软田”，所以到处都有源源不断的清泉。更为重要的是，侗族的“软田”不是在一个水平面上铺开，而是沿着山坡逐级提升，层层叠叠，形成立体式的水源分

布。这种分布格局十分重要，它不仅保证了山有多高水有多高的水源自然供给，也保证了不同海拔高度动植物对水的需求。一个立体式的生态供水系统就这样自然而然地形成了。当然，这种自然供水系统也需要人工做些补充修理。如梯田的建造，水渠的修理，水枧的架设，水车的安装等。

梯田一般都修建在有一定坡度的山坡上，一般都环山修建，先挖田基，待有一定的宽度再用石头砌垒田埂，然后填土，夯实，使其底部不易漏水。田坎的高度要看坡度的大小及田块的宽度而定，矮者一两米，高者也有10多米的。这是一项艰巨的工程，旧时没有推土机或挖掘机，全靠锄头、撮箕、肩挑、脚运所为，有时开一亩田要用几年、几十年乃至几代人的辛勤劳动。必须有“愚公移山”的精神。所以侗族人特别珍视这些田塘。没有非常特殊的情况，他们是不愿意离开故土的。

梯田造成之后，就要寻找水源。有时梯田附近就有泉水，只要将水引入田里就可以。如附近没有泉水，就要从较远或很远的地方开凿溪沟把水引来，这也是一项非常艰巨而且技术性很强的工作。首先要测量水位，看水源是不是高于要引入的田块。如水源低于要引入的田块，即便付出了艰辛的劳动，也难以达到预期的目的。在那些没有测量仪器和专业测绘人员的时代里，侗族农民们只能根据自己的目测和经验施工了。为了充分利用水源，并减轻个人的负担和取得更大的效益，侗族人常常自觉地组织起来共同为一片或一线邻近的稻田开凿沟渠，这就需要有严密的组织及合理的管理体制了。总的原则是“不让沟头无水沟尾满，不让上丘干裂下丘溢”。也就是说，要合理地利用水源，不要让距离水源近的田块没有水，而让距离水源远的地方反而有水；不要让位于上面的田块干裂而让下面的田块浪费水，因为水是从上往下流而不是从下往上流的。如果违反了这个原则，当事人就要受到谴责甚至惩处。如当事人各方各持己见，出现纠纷并难以自行解决，就要请寨老、头人或款首出面调解了。

沟渠的保护也很重要，为了让泉水或溪水源源不断地流进“软田”，干旱季节必须每天有人沿沟巡查，甚至一天要巡查几次。发现漏洞或沟堤崩塌，要及时堵住或者抢修，尤其是螃蟹、蚯蚓或水蛇之类的小动物，常常自觉或不自觉地破坏水渠，所以要特别引起人们的警觉。如下大雨，也要将水及时排出沟外，以防大水把沟堤冲毁。

侗族水车　（邓敏文摄）

如果沟渠需要跨越洼地、河道或难以挖掘的崖壁，就要想法架设水枧了。如水流较大，一般都用杉木制成水枧，即先将杉木的一面削平，然后用锛挖槽，再拿到需要架枧的地方架设。如水流不大，就可以用楠竹打通竹节做成水枧输送田水。

有些稻田位于河边，但又高于河水的水面。这怎么办？在那些没有抽水机的年代里侗族人怎样利用河水灌溉稻田？聪明的侗族人想出

两种办法来解决：第一种是在河的上游拦河设坝提高水位，然后将河水引进田里。第二种是制作水车利用水力将河水提升灌进田里。

第二节 原始的生态农业

一、多种多样的糯稻品种

侗族是古代越人的后裔。侗族先民——古代越人就是以糯米为主食的。大约成书于周秦时代的《山海经·南山经》就有“其祠之礼……糈用稌米”的记载。“糈”是祭神专用的精米；“稌米”指的就是糯米。由此可知，种植糯稻是古代越人的一种传统。

侗人喜食糯米饭，旧时以种植糯稻为主。侗语称糯米饭或糯稻为“Oux Dios”（黏饭）、“Oux Laox”（大饭）、“Oux Saos”（蒸饭）、“Oux Tanp”（摘稻）或“Oux Miangc”（穗稻）。其他粮食作物则被侗人通称之为“Oux Nguk”（猪饭）或“Oux Aiv”（鸡饭）。此外，侗人统称粮食为“Bagx Weenh”（白饭），而“Bagx Weenh”又是糯稻中的一个具有代表性的品种。由此可知，侗人种植糯稻已经有了相当久远的历史。根据一些老农介绍，20 世纪 60 年代以前，许多侗族村寨的农民主要是吃糯米饭，80％以上的稻田都种糯禾，传统的糯稻品种多达数十种。

自 20 世纪 60 年代以来，传统糯稻种植面积在侗族地区逐年减少，许多品种濒临绝灭的一个重要原因是因为传统糯稻产量较低。种植糯稻能不能提高当地农民的经济收入和生活水平？这是目前需要深入探讨的一个重要问题。但是，近年来一些侗族地区糯稻实验种植的数据初步显示：糯稻的产量虽然普遍比杂交稻低，但其产值却普遍比杂交稻高。减产而增收，是糯稻实验种植的最终结论。

实验结果说明：种植糯稻，有可能减产，也有可能增产，但一般都能增值，而且增值的可能性和幅度比种杂交稻要大得多。这对侗族地区乃至整个糯稻种植区的农村产业结构调整、增加农民收入、生态环境保护都具有十分重要的意义。当下，贵州省黎平县、从江县等侗族地区的农业科技部门在国家有关部门的支持下，正在进一步开展糯稻种植研究和实验工作。应该说这是一个很有发展前景的生态农业经济。

糯稻　（邓敏文摄）

二、不用花钱的有机肥料

“庄稼一枝花，全靠肥当家”。侗族传统农业的肥料都是不用花钱购买的有机肥，其中包括禾干草、秧青、人畜粪便、草木灰、茶油枯等。其中最有特色的是禾干草和秧青。

“禾干草”侗语称“bangl”，实际就是糯稻的稻草。因为历史上侗族喜欢在“软田”里种植糯稻，秋收时人们只把糯稻顶部的稻穗剪下捆成禾把挑回家中晾晒，中下部的稻秆和稻叶都继续留在稻田里。待到来年开春，天气转暖，侗族青年男女三五成群邀约去“踩禾蔸”，侗语称“qait gaos bangl”。所谓“踩禾蔸”，就是用脚将糯稻田里余留的稻秆和稻叶踩进泥里，然后让它在泥水里慢慢浸泡、腐烂，变成肥料。“踩禾蔸”既是一种劳动方式，也是一种社交和娱乐方式。春暖花开，不同房族并可以通婚的青年男女相互邀约，由女青年带上糯米饭、咸

鸭蛋、腌鱼腌肉以及盐巴辣椒等美味佳肴一起上山，一路行，一路歌。到了山上，他们先开田放水，并由男青年给每人砍一根树枝做拐棍，然后男女青年们杵着拐棍一起下田“踩禾蔸”。因为这种活路比较轻松，只用脚踩，不用动手，所以他们有说有笑，不时还飞出几句情歌。将到中午，田水放干了，他们开始捉鱼，也有借机打闹嬉戏，弄得大家满身满脸都是泥巴。接着便上岸烧鱼，共进午餐，歌声、笑声更是不绝于耳。这种劳动一般都采用互助换工的形式，一般都先帮女青年家踩，然后再帮男青年家踩。也有只帮女青年家而不帮男青年家的。无论帮哪家“踩禾蔸”，主人家都要为大家备办丰盛的晚餐。然后男女青年在一起喝酒吃饭、唱歌，直至深夜。

“秧青”侗语称“bav meix”，就是“树叶”的意思。每年农历二三月间，青草长了，树叶绿了，春耕播种的时候到了。侗乡的青壮年男女都要上山去采嫩树叶，侗语称“aol bav meix”。然后将采来的嫩树叶均匀地撒在田里，踩进泥里，让这些树叶在泥水里慢慢腐烂，变成肥料。这是一种非常好的有机肥料，尤其是有利于糯稻的生长。这也是一种非常艰苦的劳动，人们不仅要翻山越岭采集嫩树叶，还要挑到田里，踩进泥里，十分辛苦。

人畜粪便是常见的农家有机肥。人粪主要用于育秧，秧田播种前必须施些人粪，秧苗才能茁壮生长。侗家的畜粪，主要是指牛粪，包括黄牛和水牛的粪便及经过粪便沤烂发酵的青草。侗家的牛一般春夏秋冬都关在自家稻田最集中的山坡上。关牛的地方侗语叫“deengc”（棚子），实际是一种简陋的双层木房。底层是牛圈，可以关牛；上层是房屋，可以住人，所以人们都称之为“牛棚”。把牛关在山上主要是为了割草喂养方便，不用来回挑草，不用来回挑牛粪，也省得来回赶牛。农忙季节，为了节省往返的时间，各家最主要的男性劳动力也都住在牛棚里，有时全家都在牛棚里居住。只有农闲时节或特别寒冷的季节，牛棚才没有人居住。即便晚上没人居住，白天也要有人按时上山去喂牛。牛粪是一种上等的有机肥料，因为牛吃的都是青草或者稻草，其粪便的养料非常丰富。每过一两个月，牛主人都要给牛“腾肥”，侗语叫“togp maoc”。就是把牛圈里的牛粪、吃剩的青草以及垫圈的干草都腾出来堆在牛圈旁边，使之继续沤烂发酵，待来年春天再挑到田里施作底肥。

总之，侗族农民在20世纪80年代以前都不用无机肥料或化学肥料，都用侗家自产的有机肥，既有利于节省资金，又有利于生态平衡。

三、稻鱼鸭共生共养

自古以来，侗族农民就有在糯稻田里养鱼养鸭的传统习惯。传统糯稻植株较高，一般都在1.5米以上，有的高达1.8米甚至2米，所以不怕水淹，便于积蓄深水进行稻田养鱼。糯稻的生长期也较长，一般都在160～180天。传统糯稻不用晒田，也有利于养鱼养鸭。

稻田养鱼养鸭好处很多。如稻田里的鱼可以把稻苗根部的害虫吃掉，稻田里的鸭子可以吃掉稻苗中部和上部的害虫。鱼和鸭子还可以吃掉稻田里的杂草，可以疏松稻苗根部的土壤，可以搅拌稻田里的水使之循环从而达到上下水温调节的作用等。此外，这种耕作技术不但可以大大提高土地的利用率，还可以实现自然资源的综合利用和生态平衡的目的。如鸭子的粪便变成鱼的饲料，鱼的粪便变成糯稻的肥料等。这些经验和技术，为现代农业提供了广阔的发展前景。

侗族人民自古以来就是一个与水结下不解之缘的民族。鱼儿离不开水，鸭子也离不开水。千百年来，侗族人民在养鱼、养鸭方面积累了十分丰富的经验。稻田里养的鱼主要是鲤鱼，侗语称“mieix yav”（田鱼）。侗族民间有许多关于鲤鱼来源的歌谣，其中一首是这样讲的：“田塘地段原产公母鱼，公鱼母鱼住在禾草下。冬天公鱼母鱼各自住一方，春时公鱼母鱼结亲产子在鱼塘。”这首歌简明、形象地讲述了侗族农民自己繁殖鲤鱼苗的情景：每个侗族村寨都有一两位经验丰富的老农专门喂养雄性鲤鱼（公鱼）和雌性鲤鱼（母鱼）。每年春天的“谷雨”节前后，他们把公鱼和母鱼放养在一个池塘里，并放置许多被侗族人称为“nyangt geiv mieix”（鱼子草）的藤本植物。公鱼和母鱼自由交配之后，母鱼就把鱼子产在鱼子草上。然后老农再将这些附有很多鱼子的鱼子草挪到另外一处阳光充足的小水池里孵化鱼苗。待鱼苗都生出来之后，各家各户就可以去跟老农买鱼苗放到各家各户的秧田里了。这时的鱼苗还十分娇小，跟眉毛差不了多少。娇小的鱼苗和田里秧苗一起渐渐长大，一个来月之后，秧苗可以栽插了，鱼苗也长得像手指头这么大了。这时，各家各户就把那些像手指头大的小鱼分散到已经插好秧的稻田里去喂养。待到秋收时节，稻田里的小鱼都长成每条半斤左右的大鱼了，就可以用来充当人们的美食了。

稻鱼鸭共养 （邓敏文摄）

稻田里养的鸭子主要是当地土鸭。鸡、鸭都源于鸟类，据考证，汉语里“鹜、鸥、鹏、鸭”都属鸭类。“鹜”最早见于公元前5世纪的汉文史籍，而“鸥、鹏、鸭”最早都见于公元前3世纪前后的汉文史料中。由此可以知道中国人对鸭子的认识和喂养至少已经有2500年以上的历史。侗语称“鸭”为“bedl”，是个古入声字，很可能是“鸥”或“鹏”的古音。由此也可以知道侗族人认识和喂养鸭子的时间为时不晚。关于鸭子，侗族民间也有许多美丽的传说。

其中一则是这样讲的：

有一天，鸭子和鸡在河边觅食。鸭子对鸡说："河那边有更多好吃的东西，咱们到河那边去找食物吧？"鸡对鸭子说："我不会游水，还是你自己去吧。"鸭子对鸡说："没关系的，我可以背你过河去呀！"鸡对鸭子说："那太好了，那我能为你做什么呢？"鸭子对鸡说："你就帮我孵孩子吧。"鸡点头答应。于是鸭子背着鸡一起到河那边去寻找更多好吃的东西了。鸡也很守信誉，从那以后鸡一直帮鸭子孵小鸭，直到小鸭自己能下水觅食才交给鸭妈妈。这则童话很有意思，它一方面反映出侗族人民对这种自然现象的朴素解释，另一方面也反映出"生命之网"各个部分相互联系、相互依存、和谐共处的客观情景。

第三节　敬树如神的侗家人

一、"十八年杉"的来历

今贵州省天柱、锦屏、黎平、从江等县的一些侗族村寨，盛行一种种植"十八年杉"的民间习俗：婴儿呱呱出世，家里人及亲戚朋友就在山坡上栽一些杉树苗。十八年后，孩子长大成人，杉苗也成材了。男青年可以用来修造新房，女青年可以用来置办嫁妆，所以人们都叫它"十八年杉"。这种习俗是怎么来的呢？天柱县民间有这样一个美丽的传说：

古时候，清水江上游的山山岭岭都是光秃秃的。住在这里的侗家人和苗家人穷得娶不到老婆，养不起孩子。有人生了孩子，不是卖掉就是溺死。最后龙凤山一带只剩下一个侗家后生和一个苗家后生。他们两个就合在一起居住。

东晋古杉群　（邓敏文摄）

一天晚上，他俩刚煮好饭，一位白胡子老者来向他们讨饭吃。老者把一锅饭全吃光了，并笑着说："明天你们朝龙凤山顶看一看吧，会有好处的。"

第二天一早，侗家后生和苗家后生一起朝龙凤山顶望去，只见霞光里出现一位美丽的姑娘向着他俩唱歌："要想砍柴请上坡，要想打渔请下河。要想看花请浇水，要想结伴请唱歌。"于是苗、侗两位后生就你一首我一首地和姑娘对起歌来。姑娘说："你们两个都唱得好，两个我都喜欢，可是我只能嫁给你们当中的一个呀！你们看怎么办才好呢？"两位后生想了想，突然都用手指向对方，并同时说："那就嫁给他吧！"姑娘淡淡地一笑说："你俩都不肯要我，那我只好走了。"姑娘说着拔腿就走。两位后生见姑娘要走，一时情急，同时扑上去抱住那位姑娘。姑娘变了，变成了一棵又高又直的大树。这时，空中突然又响起了那位姑娘美妙的歌声："苗家侗家好后生，莫发愁来莫伤心。只要保好大杉树，不愁姑娘不上门。"这时，两位后生才知道这棵大树名叫杉树。

半夜里，他俩做了一个梦，梦中听见姑娘呼救的声音。他俩便拿着武器朝呼救的地方冲去。只见一团黑乎乎的东西正举斧准备砍树。苗家后生一箭射去，只见那家伙"哎哟"一声滚下山来。侗家后生一刀砍去，只见那家伙反扑过来。危急之时，突然听见一声枪响，那家伙倒地了。两位后生抬头一看，原来是那位白胡子老者前来相救。老者说："你们好好保护这棵大杉树吧，它是埋在龙凤山的姑娘的心变的。"老者说完就不见了。

这时，那棵杉树说话了："明天你们把我砍下来，运到下河去卖，就有钱娶媳妇了。"两个后生忙抢着说："宁打一辈子光棍也不砍你，一定要好好保护你。"杉树深受感动，忙说："好心肠的哥哥呀，快快抱我晃一晃吧！"两位后生就照着杉树说的话把它抱住晃了几晃，只见杉树子纷纷扬扬地随风飘落在龙凤山一带的大山小岭。第二天便长成了密密麻麻的杉树林。苗、侗两家后生砍下杉树，扎成木排，放到下河去卖。随后他们娶了妻子，有了小孩，并遵照梦中白胡子老者的交代：每个孩子生下来都要种一百棵杉树。相沿成习，直至今日。

二、东晋古杉群的主人

2004 年 11 月，湖南省城步县发现一处罕见的古杉树群。经专家考证，这些杉树是东晋时期人工栽培的"风水树"，迄今已有 1600 多年。据湖南、安徽、江西三省的林学专家考证，它应是东晋时期（317～420 年）人工所植。而在此之前，国内林业专家公认我国人工营造杉树始于唐代元和八年（813 年）。城步县古杉群的发现，将中国人工植杉的历史整整向前推移了 400 多年。

这处古杉群位于湖南省城步苗族自治县长安营乡大寨村，现存 49 株，绝大多数生长在溪流的沙滩上。它们英姿勃发，傲然挺立，枝叶繁茂，浓阴蔽日。其中特别引人注目的是耸立在西边崖畔上的那株最高最大的古杉。这株古杉胸径 2.45 米，胸围 7.7 米，冠幅 28 米，树高 30 米以上，木材蓄积量达 50 多立方米。据湖南省林科所鉴定，它是湖南目前发现的最大杉树，比福建的杉木王（胸径 1.6 米，胸围 5.02 米）还大 40％以上，被誉为“湖南杉树王”，当地人则称之为“神树”，常年有人烧香化纸祭拜。

那么，是什么人在那样早的年代种下这些杉树的呢？这些古杉群的主人是谁呢？如前所述，侗族是一个喜欢种杉并善于植杉的民族，而这些古杉群正好位于侗族人聚居的城步县长安营乡大寨村。长安营乡大寨村位于城步县西南湘桂边界，距县城 62 公里，是一个典型的侗族风情村，也是湖南省民族地区新农村建设示范村。大寨村居住着侗、苗、瑶等 6 个民族，以侗族为主的少数民族人口占全村总人数的 95％。至今还有保存完好的侗族民居及具有侗族建筑风格的民间建筑，如吊脚楼、风雨桥（花桥）等。这些调查资料说明，侗族是长安营乡大寨村的世居民族。

东晋古杉　（邓敏文摄）

侗族又是一个崇拜“神树”的民族。2003 年 2 月 8 日晚上 8 时左右，长安营乡大寨村 73 岁的村民杨某拿蜡烛和纸钱到古杉处祭祖敬神。他将蜡烛点燃安放在已空心可容纳数人的树蔸内，然后大把大把地烧纸。结果燃着的纸钱随风沿空心的树干蹿到树尖，引发树内大火。幸好大火尚未殃及树干表皮，使古杉得以幸存至今，但对古杉的生存已带来了严重影响。

根据上述有关情况，我们可以初步判断：城步县长安营乡大寨村的晋代古杉群很可能是侗族祖先营造的“风水林”。这些人可能是驻守“镡城之岭”的古代越人的后裔。

三、数十万份古代林契的见证

如前所述，侗族人民在历史上就有种植杉树的优良传统，今贵州省锦屏县、天柱县、黎平县等地是历史上著名的人工林区。明朝洪武年间，朱元璋派官军进剿黎平上兰吴勉、锦屏婆洞林宽等地的侗、苗农民起义军，溯沅江及其上游清水江进入锦屏、黎平一带。从此，这一地区盛产优质杉木的信息得以传至江南、华东乃至华北地区，于是明、清朝廷便到锦屏、黎平等地广征“皇木”，并带动“民间木商”纷纷涌入，致使这一地区的“木材交易”迅速兴起并逐步繁荣。由此又进一步拉动、刺激当地苗族和侗族人民的人工造林活动，使早已习惯于山田互补、林粮间作的生产方式如鱼得水。由此又进一步吸引江南、华东等地的汉族人民到此地从事木材贸易和人工造林、管林工作。

到了清代雍正、乾隆年间，清水江一线的木材贸易十分繁荣，人工造林技术也得到大大提高。木材交易、人工造林逐步成为该地区各族人民生产、生活的重要内容。由此又形成了大量的山场、林木、田土、房屋等买卖、租佃、典当的契约、字据、簿册、文告、碑刻等各类文书，尤以林契为最普遍、最常见。因为这些文字资料首先在贵州省锦屏县发现并着手采集，故又称“锦屏文书”。经初步普查，仅锦屏县民间散存的“锦屏文书”就有 10 万件以上。至 2009 年年底，锦屏县已征集到“锦屏文书”近 3 万件。据有关方面估计，清水江沿岸各

族民间散存的此类契约文书不少于 30 万份。这是一笔珍贵的文化遗产。

这些文书的主要价值是：让我们了解到明、清时期这一地区林业生产及木材交易的一些情况，对今日林业制度、人工造林、森林管护、木材贸易都有重要的参考价值。填补了中国少数民族地区缺少封建契约文书及反映林业生产关系历史文献的空白。对林学、农学、民族学、法学、社会学、经济学、人类学、档案学、生态环境学等也都具有较高的学术研究参考价值。

四、侗乡处处有神树

中国的神树崇拜来源久远。考古工作者们曾在今四川省广汉市南星镇真武村三星堆发掘出一棵“青铜神树”。该“神树”是用青铜铸造而成，高 3.96 米，顶部残缺，全高约 5 米。树枝上站立着许多昂首挺胸的鸟类。三星堆文化的上限时间距今约 4500 年，大致延续至距今 3000 年，即从新石器时代晚期至相当中国中原地区的夏、商时期。由此可以判断：距今约 3000 年前，居住在今四川广汉一带的人类已经有了普遍的神树崇拜。

侗族的神树崇拜起源于何年何代？目前我们还难以作出确切的判断。从语言学的角度思考，我们认为侗族的神树崇拜或许与这棵“青铜神树”有关。从一些侗族古歌中我们得知，侗族的祖先曾经将“树木”称为“mogx xuh”。“xuh”是汉语“树”的音译。那么“mogx”是什么呢？根据侗语的语法规则，“mogx”大概就是“木”了。奇怪的是，在侗族语言中，“鸟”也称为“mogx”。也就是说，古代侗语的“木”和现代侗语的“鸟”读音完全相同。这是什么原因呢？是纯粹的巧合？还是另有因由？

让我们回过头去认真看看这棵产生于 3000 多年以前的“青铜神

树”。我们不难看出：这棵树的树干笔直，套有三层树枝，每一层又有三根枝条。全树共有九根枝条。所有的树枝都柔和下垂。枝条的中部伸出短枝，短枝上有镂空花纹的小圆圈和花蕾，花蕾上各有一只昂首翘尾的小鸟。认真数数这些小鸟，全树共九只。由此可知，这棵“青铜神树”绝对不是一般的供人欣赏的艺术品，而是和这棵“青铜神树”制作者的树崇拜及鸟崇拜有关，而且他们是把树和鸟紧密地连在了一起。我们似乎也可以将这棵古老的“青铜神树”称为“青铜鸟树”。

让我们再回过头去想想侗族的民间神话及侗语中的“鸟”“木”同音，就不能不联想到这棵“青铜神树”与侗族人民的神树崇拜和神鸟崇拜有着多么密切的关系了。至今，侗族民间还广泛流传着侗歌来源于“鸟树”的神话传说：古时候，人们只会说话，不会唱歌，日子过得很没味道。山里的鸟儿告诉人们，天上有一株歌树，众神仙采歌唱歌，热闹得很。山鸟也常去偷听，并学得一句半句回来教人们唱歌。由于山鸟学得不全，学来的歌有头无尾或有尾无头。侗家后生四也得知这个消息，便提议上天去偷歌种。班固妈等寨上老人和青年们都表示赞同，山鸟也很支持。经过大家商量，决定由雄鹰、喜鹊和画眉鸟背班固妈、四也和蝉姑娘一起上天去找歌种。他们来到天上，正好碰上守歌树的龙麟精打瞌睡。于是他们便悄悄地爬上树去采歌果。蝉姑娘高兴得忘乎所以，便学唱起歌来。蝉姑娘的歌声惊动了龙麟精和专管歌树的萨样。班固妈见势不好，叫大家赶紧下树往回跑。四也想多采一些歌种，落在后面，结果被龙麟精给抓住了。班固妈跑到半路，回头看不见四也，惊慌失措，结果从鹰背上跌落下来，摔死在仙山脚下。最后，只剩下蝉姑娘、喜鹊和画眉鸟把歌种带回人间。歌种被偷，萨样大发雷霆，于是她就把看守歌树的龙麟精贬谪下界，并让他押送四也回到人间。四也回到人

间，便在仙山脚下为班固妈垒了一座坟墓，并将从天上偷来的歌种种在班固妈的坟墓边。不久，班固妈的坟边果然长出一棵歌树来，而且结了很多很多的歌果。仙山脚下的侗族人民就天天在歌树上面采摘歌果，在树下学歌唱歌。

其实，在侗族人民的现实生活中也有这样一棵神奇的“鸟树”。这棵神奇的“鸟树”就在今湖南省通道侗族自治县坪坦乡境内，每天都有数百只鸟到这棵树上栖息、鸣叫、唱歌，年复一年，日复一日，赶都赶不走。

由此可知，神树崇拜并不是凭空想象，而是来源于现实生活，来源于人们对客观世界的长期观察和亲身体验。由此我们还可以发现，神树和神鸟关系密切，形影不离，这是“生命之网”中的一种常见现象，是客观世界相互依赖、和睦相处、平衡发展的一种现实反映。侗族神树崇拜的现实表现多种多样，最常见的主要有以下几个方面：

祭树——所谓祭树，就是逢年过节或特殊日子去祭祀神树。祭树是属于家族或村寨的集体祭祀行为。祭祀的方法各村各寨各不相同，有的比较简单，有的比较复杂。常见的方法是由祭师（男性鬼师或神师）在神树下面杀一只公鸡，并将少量鸡血和几根鸡毛涂在神树的树干上。然后将鸡弃毛、煮熟，并与随身带去的糯米饭、糯米酒等一起作为供品摆在神树下面。接着由祭师烧香烧纸，朗诵《祭树词》。《祭树词》的主要内容是邀请各方神灵都来参加，包括山神、水神、土地神等，然后再讲树的来源，树的功德，并请树神保佑村寨平安，人畜兴旺等。朗诵《祭树词》后，由祭师将少量糯米酒、糯米饭和鸡肉撒在神树根部。最后所有参与祭树的人一起面向神树鞠躬叩拜，并共同分享祭祀时的各种供品，包括糯米饭、糯米酒、鸡肉等。祭祀结束，参与祭祀的人们必须把那些供品全部吃完，不许带回家中。比较复杂或大型祭树仪式还要杀猪甚至杀牛，同时要用竹子、饭藤、彩纸等物编成花圈或花竿绑在神树的树干上。

拜树——拜树是属于个人或家庭的祭祀行为。常见的是幼儿拜树为“保爷”，侗语称“baiv bux mags”（拜大爷或拜大伯）。如某家儿童不太健康或经常有病，其家人就会带着孩子去请当地祭师查找原因。祭师可根据这位儿童的出生年、月、日、时等资料判定他是否要去拜“保爷”，并判定应该拜什么样的“保爷”。其中有拜人、拜树、拜石头等。幼儿拜树的仪式比较简单，一般是由其父母或祖父母带上幼儿及相关祭品（如钱纸、香、酒、肉、糯米饭等）到神树下面祭拜，并由其父母或祖父母用言语请求神树随时护佑他们的孩子。

拜树一般不请祭师参加。以后农历每月初一、十五或重大节日也都由家长带着孩子去祭拜这棵神树，直至孩子长大成人。这种拜“保爷”的行为，大概是受中国古代金、木、水、火、土相生相克“五行学说”的影响。

禁伐——所谓“禁伐”，就是不许任何人砍伐神树。假如有人砍伐或伤害神树，将受到神灵的严厉惩处。今贵州省黎平县岩洞镇岩洞村四洲寨曾经发生过这样一件事情：清朝末年，该寨侗族农民吴某去剥神树的皮来染布。不久他便得了重病，瘫痪在床。经阴阳师“过阴”查看，认定他是得罪了这棵神树并受到了惩罚。后来，他们家杀牛祭树，吴某的病情才逐步好转。此后，再也没有人敢去动这棵神树，直至在山上自然干枯腐烂。

忌用——神树一般都被忌用，尤其是私人家庭都不敢动用神树来建房子、打家具、烧火做饭等。如果是神树自然倾倒，一般都由全寨人一起去拉来充当公用。如用于鼓楼烧火，或用来建造一些不是很重要的公共设施。

侗族人崇拜的神树多种多样，根据目前所掌握的资料，其中包括

以下一些树种：枫树（又名枫香树）、杉树、柔毛油杉（俗名老鼠杉）、松树、榕树、楠树（又称楠木树）、猴栗树、银杏树（又名白果树）等。由此可知，侗族人崇拜的树木品种很多，这与侗族人万物有灵的灵魂观念有直接关系。

侗族人虽然信奉万物有灵，但并不等于把每一棵树都当成神树看待，人们崇拜的对象都是有选择、有条件的。就一般而言，侗族人崇拜的神树都要具备以下一些条件：古老的大树、畸形的大树、村旁路边的大树等。

岩洞村老神树　（邓敏文摄）

神树崇拜，客观上起到了保护古树、保护树种、保护森林、保护自然生态的作用。侗族的神树崇拜，从古至今对侗族地区的自然生态和环境保护都产生着积极的影响。

第五章

古朴的生活习俗

由于独特的自然环境、社会环境、经济生活和历史遭遇，形成了侗民族独特的、古朴的生活习俗。本章将主要向读者介绍侗族独特的居住习俗、饮食习俗、婚恋习俗及其他习俗。如路遇习俗、信仰习俗、丧葬习俗等。

第一节　侗寨的魅力

一、雄伟的侗寨鼓楼

侗族喜欢聚族而居，大的村寨七八百户，小的村寨二三十户。一般是一个氏族住一个寨子，即便是几个氏族同住一个村寨，也是按氏族分片居住。氏族是按父系血缘划分，同一氏族的青年男女不许通婚。男女青年必须到外寨或外氏族去寻找配偶。如今贵州省黎平县岩洞村现有 800 多户人家，基本都是姓“吴”，但其内部却分七个氏族，侗语称“jogl”（角落）或“douc”（窝）。逢年过节，都是以氏族为单位组建歌队或者戏班，并以氏族为单位接待宾客。这种社会结构，造就了侗族社会内部人与人之间的亲密关系，他们之间，不是兄弟姐妹，就

是亲戚朋友。一家有事，全寨帮忙。

鼓楼是侗族村寨或氏族的一种标志性公共建筑，又是侗族村寨或氏族的信息中心、议事中心和娱乐中心。鼓楼是用当地出产的杉木建造，形如宝塔，矮者三五层；高者十余层，雄伟壮观。鼓楼一般建在寨子中间或氏族聚居区的中心位置。周围都是该氏族成员居住的吊脚木楼。村民或氏族成员议事、娱乐或接待宾客，基本都在鼓楼里进行。

鼓楼的来源历史悠久，传说是侗族先民受杉树形状的启发建造而成。位于今贵州省黎平县岩洞镇述洞村的独柱鼓楼，据说是“鼓楼之宗”。该楼只有中间一根主柱，传说此地原来长有一棵杉树，人们经常在树下乘凉、唱歌、娱乐或者议事。年长月久，杉树干枯了，倒塌了。人们便仿照杉树的样子在此地建造起一座鼓楼。

侗族民间工匠建造鼓楼不用图纸，不用放样，也不用一钉一铆，只用一根竹片比比画画加工各种部件，然后将各种部件组合起来建造而成。据有关部门统计，黔、湘、桂边界各侗族村寨共有近千座不同形态的鼓楼。驰名中外的肇兴侗寨是黔东南苗族侗族自治州最大的侗族村寨之一，现为该州黎平县肇兴乡人民政府所在地，现有居民800余户，4000多人。肇兴侗寨四面环山，寨子建于山中盆地，一条小河穿

鼓楼旁节庆聚餐

（图片来源：《民族画报》资料）

寨而过。寨中房屋为干栏式吊脚楼，鳞次栉比，错落有致，全部用杉木建造。房顶覆盖小青瓦，古朴实用。肇兴侗寨全为陆姓侗族，分为五大房族，分居五个自然片区，当地称之为“团”。各“团”都建有自己的鼓楼，分别命名为“仁团鼓楼”、“义团鼓楼”、“礼团鼓楼”、“智团鼓楼”和“信团鼓楼”。所以有人称肇兴侗寨为“鼓楼之乡”。

肇兴寨门

（图片来源：《民族画报》资料）

今贵州省黎平县竹坪村也有 6 座鼓楼，其中大寨 3 座，即上鼓楼、中鼓楼、寨脚鼓楼，此外寨母、寨间、得大各一座。建得较早并留下碑记的是大寨的寨脚鼓楼和上鼓楼。寨脚鼓楼碑序文如下：

盖闻太上立德，其次立功。功德之在，上以续前人之绪，下以维后世之勋。回忆斯楼，规模创自甲戌之年（1814 年），条石安于丙戌之岁（1826 年），已历多年。所莫非相其阴阳以

配文峰，观其流泉以关水口。此前人文蔚起，莫非於世卜之呼矣。至乙卯（1855 年）丙辰（1856 年）齐苗叛乱，各境尽遭回禄，我寨岂得安然？因此，雕梁焕彩之楼变为旷地；画栋连云之阁倏作荒坪。睹此情景，人人奋志，爰是老幼倾心共乐捐助。建煌煌之祖业，不惜物力之维艰，造巍巍之华楼，庶亦功成而造竣矣。是为序。

光绪十二年（1886 年）二月上浣日

寨脚鼓楼于“文化大革命”期间又被拆毁，幸遇有心人将碑石收藏，方得以留存下来。此楼已于 1982 年重新修建。

二、巍峨的侗乡花桥

由于侗族村寨依山傍水，为了通行方便，所以侗族地区的桥特别多，其中有木板桥、独木桥、石板桥、石孔桥等。在这些多种多样、千姿百态的侗乡桥梁中，以花桥（亦名福桥、风雨桥）最为巍峨壮观。

花桥侗语称“jiuc wap”（花桥），取雕梁画栋之意。有的地方称“jiuc fuc”（福桥），取保福安民之意。学界则普遍称“风雨桥”，取能遮风避雨之意。风雨桥大多架设在村寨下方的溪河之上，既作交通之用，也有保福安民之意。

位于今广西三江侗族自治县马鞍寨脚的程阳风雨桥是侗族民间建筑的集大成者，该桥与我国的石拱赵州桥、铁索泸定桥等齐名，为中外历史名桥之一。该桥集桥、廊、亭三者于一身，在中外建筑史上独具风韵。程阳桥又叫永济桥、盘龙桥，建于 1916 年，是侗寨风雨桥的代表作，是侗乡人民智慧的结晶，也是中国民间木建筑中的艺术珍品。这座桥横跨林溪河，为石墩木结构楼阁式建筑，二台三墩四孔。墩台上建有五座塔式桥亭和 19 间桥廊。亭廊相连，浑然一体，十分雄伟壮观。该桥全长 64.4 米，宽 3.4 米，高 10.6 米，桥的两旁镶着栏杆，好似一条长廊；桥中有 5 个多角塔形亭子，飞檐高翘，犹如羽翼舒展；

侗乡风雨桥　（邓敏文摄）

桥的壁柱、瓦檐、雕花刻画，富丽堂皇。整座桥巍峨壮观，气象浑厚，仿佛一道灿烂的彩虹。其建筑惊人之处在于整座桥梁不用一钉一铆，大小条木，凿木相吻，以榫衔接。全部结构，斜穿直套，纵横交错，却一丝不差。桥上两旁还设有长凳供人憩息。游人坐在凳上向远处放眼，只见林溪河蜿蜒而来，桥的两边，茶林满坡，翠木簇拥；田园耕地，农夫劳作；河边水车，悠然缓转，终年不停。历史学家、诗人郭沫若先生曾题诗赞道："艳说林溪风雨桥，桥长廿丈四寻高。重瓴联阁怡神巧，列砥横流入望遥。竹木一身坚胜铁，茶林万载茁新苗。何时得上三江道，学把犁锄事体劳。"

位于广西三江侗族自治县独峒乡巴团寨旁的人畜分道风雨桥更是造型独特，美观适用。该桥建造于1910年，桥长50米，二台一墩，两孔三亭。其结构与程阳风雨桥类似，不同的是在人走的长廊下边另设畜行小桥，使之成为一座人畜分道、风格独特的双层木桥。巴团风雨桥很会利用地形地物，如桥的西岸只有一条向南通道，而东岸则有向东、向北两条通道。于是工匠们便在西岸桥头出入口顺应道路方向设一转角，并置一桥门牌坊；而东岸桥头，则设两个出入口，并设桥阁将两个出入口连通。桥头附近古树参天，风光秀美，使整座桥梁与当地自然融为一体，别具一格。

三、鳞次栉比的吊脚木楼

吊脚木楼是一种极富特色的侗族民居，全杉木结构。传统吊脚木楼多为三层楼房：底层侗语称“dees gongc”（楼底），一般都不住人，主要用于安置石碓，关养牲畜家禽，堆放柴草、农具等。第二层侗语称“ul louc”（楼上），主要用于住人，前半部是通间长廊，光线充足，是全家人休息、待客或纺纱织布之所；后半部设有“火塘”或卧室，是全家人取暖、做饭、睡觉的地方。第三层称“gaos louc”（楼顶），主要用于堆放粮食或其他杂物。

侗族民居一般是一家一栋，也有几弟兄联合起来建造长排吊脚楼的。这些吊脚木楼都是由当地工匠自己设计、自己建造，亲戚朋友都主动前来帮忙，不收任何报酬。侗族人喜欢群居，几十栋甚至数百栋吊脚木楼相互紧挨，鳞次栉比，连成一片，蔚为壮观。

吊脚木楼来源于古代越人的干栏式建筑，既可防潮防水，又能预防毒蛇猛兽。壮、侗、苗、土家等南方民族都喜欢住这样的吊脚木楼。由于这种全木结构的吊脚楼防火性能较差，且房子与房子之间间隔极小，一旦某家失火，全寨遭殃，加上侗乡人口逐年增多，住房紧张，所以许多侗族村寨对传统吊脚木楼进行改造，如底层用砖围起来做成伙房或关养牲畜，也可以供人居住，有的就干脆改造成砖木结构的新房子。

四、经年不朽的石板桥

今贵州省黎平县竹坪村的石板桥虽鲜为人知，但却有其独特的风格和价值。竹坪村有为数众多的石板桥，仅村寨附近就有七八座。这些桥都用巨石凿成。无论河面多宽，都是一石跨越，或双石并排，河中不立桥墩。这些石板一般宽约 1.5 米，厚约 0.5 米，长短系根据河面宽度而定，长者十来米，短者也有三四米。这些桥大多始建于清代乾隆、道光、嘉庆年间，有的已被大水冲垮，但石板还在。

竹坪寨脚石板桥 （邓敏文摄）

竹坪人普遍认为，修桥补路是人生的一大善事。位于大寨寨脚附近沙石溪流（Guis Seep Xigx）之上的广嗣桥是一座由个人出资修建的石板桥，也是至今所知竹坪寨上修建年代较早的石板桥。该桥始建于清朝乾隆五十七年（1792 年）二月，施主是吴田虎、吴龙往两人。石匠是刘天隆。如今此桥已被大水冲塌，但石板还在，《广嗣桥》桥碑也完好无损，其碑序文如下：

窃忆吾寨之西南有一桥，名沙石者，上通永从长春等处，下至古州两粤数省，往来行人络绎不绝。旧虽以木架之，然不时朽坏，徒劳兴作。予二人体先人之志，欲后嗣之昌，故不惜多金易以石片，庶几永乘不朽焉，是序。

寨脚石板桥位于竹坪大寨寨脚，是一座至今保存完好、规模较大的石板桥。其桥由两块巨大石板跨河平行铺设而成，桥宽约 3.2 米，长约 10 米，厚约 0.5 米，石板两边用两根大杉木做护栏，人畜均可通行。此桥始建于清朝道光十二年（1832 年）冬，桥头立有当时建桥碑记《锁住斯境》，其序文曰：

杠梁之设，统名曰桥者何？曰桥者，翘也，翘然于水面之上也。其所以使之翘然于水面之上者何？曰，或以通行走，或以锁龙脉也。而斯桥之建何也？曰，通行走锁龙脉也。其所以通行走者若何？曰贵境人民甚众，寨脚不可无桥以通行走，斯桥之建所以通行走也。其所以锁龙脉者若何？曰，贵境回山在远，寨脚不可无桥以锁龙脉，斯桥之建又以锁其龙脉也。夫通行走者在斯桥，锁龙脉者亦斯桥。斯桥所系大矣哉！何也？架之以木，终必有坏，则翘然者或颓然矣。今也易之以石，久亦不朽，则翘然者必常然矣。夫何行走之不通，夫何龙脉之不锁？此胜事也，所宜志也，於是手书。

据说这些重达数万公斤的巨型石板都是从一个被称为“巨”（Jius）的陡峭山上采集并运输而来，此地离竹坪村约六七公里。在当时条件下既无钢钎雷管，又无公路吊车，人们如何采集？如何运输？至今还是一个难解之谜。

五、清清泉水井

水是生命的源泉，水对于人类乃至整个生物世界实在是太重要了，任何一个民族乃至任何一种生命都离不开水。侗族是一个以种植水稻为主的民族，所以大多数侗族村寨都依山傍水，山有多高，水有多高，层层梯田，片片杉林，都仰仗于水的灌溉。在侗乡，无论你走到哪个山坡，都会有涓涓细流供万物生长；无论你来到哪个侗寨，都会有清清的泉水供你解渴。所谓泉水，是指那些从地下或山洞里自然流出的水源，既可供人畜饮用，也可以灌溉田地。为了方便和卫生，侗族人不断地对这些自然流出的水源进行加工或改造，有的凿石成坑用来积水；有的镶以石板避免脏水流入；有的还建亭覆盖以避雨淋。凡此种种，侗语均称之为“menv”（井）。这些井不仅是自然的造化，也是人文的积淀。

今贵州省黎平县竹坪村每个自然寨都有一口或几口泉水井，仅竹坪大寨就有七口之多，如“闷抖”（Menv Douc）、“闷吊”（Menv Diaos）、“闷登”（Menv Dens）、“闷得”（Menv Dees）、“闷几雄”（Menv Jih Xongh）、“闷点阶”（Menv Dinl Jeiv）、“闷烂律”（Menv Lanl Lius）等。这些泉水井在竹坪人的心目中都占有十分重要的地位，在他们的日常生活中是须臾不可缺少的“基础设施”。

竹坪闷吊泉水井　（邓敏文摄）

在竹坪人看来，这些泉水井不仅仅给他们提供了清洁卫生的饮用水，也是全寨人新生活和新生命的源泉。例如，青年男女结婚，新娘到新郎家要做的第一件事就是到附近的泉水井挑一挑水，以实现夫妻和睦，白头偕老的愿望。再如，谁家生了小孩，必须拿几粒大米撒进附近的泉水井里，以求井神保佑孩子无灾无难，健康成长。又如，谁家的孩子有了疾病，必须到附近的泉水井边焚香化纸，以求得井神保护而消灾免难。凡此种种，都说明泉水井在竹坪人的心目中是十分神圣的。正因如此，人们都不敢在井边随地吐痰，随便扔脏东西，更不敢在泉水井附近大小便。凡井中有了沙石或污物，都会有人自动清除。遇井壁塌陷或损坏，会有人义务进行修理。这些活动，在竹坪人的眼中都是一种善事，也是一种积德之举，都会受到人们的称赞与敬重，有的还为之立碑，以作纪念。《悠久无疆》就是于清朝道光三年（1823年）为整修“闷吊”留下的一块泉水井碑文，其序文曰：

> 从来朝夕之所必需者，水也；昼夜之所宜防者，盗也。前者此井未修，斯亭未建，不独风水欠培植，兼且汲引不便，守望不周焉。是以本寨众等目击神兴，不惜囊内之资，大修寨头之井，鸠工集石，经数月而始成。采木造亭岂一时之可就，不异竹苞松茂，堪同鸟萤单飞，保障一方伫看，地灵人杰，纳祥百世，永庆天宝物华，而况取水则便、防盗则周乎，诚一举而得之美事也。爰志於碑，功德因兹垂不朽。姓名抄此，永播无疆矣。是为序。

此井位于竹坪大寨寨头入口处，上下左右均镶有石板，井口还建有木亭供人挑水或饮水时歇息，是竹坪村最重要的泉水井之一。如今木亭已毁，但周边井石仍完好无损，清流不断，继续供人们饮用。

六、汪汪养鱼塘

侗族是一个离不开水的民族，除了村前的小河、山上的稻田四季蓄水之外，村寨里还有大大小小的鱼塘，侗语称“daeml”。这些鱼塘都是各家各户自己修建的，也有全寨人集体修建的公共鱼塘。这些鱼塘既可以养鱼，又可以防火、洗菜、洗衣、养猪饲料（如浮萍等水生植物）、供牛饮水、供水牛洗澡等。池塘底部的污泥也是上等的有机肥料。由此也可以证实，侗族是水性民族的后裔，他们一刻也离不开水，永远和水为伴。

今贵州省黎平县竹坪大寨中有一眼公共鱼塘，侗语称“Daeml Mags”（大塘）。这眼鱼塘属于大寨各个房族所共有，面积约三亩。一

面临街，三面都是杉木结构的吊脚楼。水深约两米多，主要用于养鱼和防火，各家各户的水牛也经常在大塘里洗澡。

这眼大塘的神奇之处在于塘内有一条长长的大铁链。这条铁链制于何时已难籍考。传说旧时这条铁链夜间经常在寨内行走，还不时发出稀里哗啦的响声，谁有不轨行为，铁链就自行将他捆绑起来，所以人们特别害怕。为了避免人们受到惊吓，后来寨子里的人就用狗血浇在铁链上，从此铁链也就失去了灵性，半夜三更不再出来游走了。

竹坪大鱼塘　（邓敏文摄）

“开大塘”可谓是竹坪大寨的一件趣事。所谓“开大塘”，就是将大塘里的水放干。这不是一件简单的事情，首先要由“款脚”（款组织的传令员，村寨里唯一的“公务员”）敲锣喊寨，通知各家各户当天不要上山干活，要一起来“开大塘”。开塘时首先要找到放水口。放水口位于两米多深的池塘底部，是用石头和黄土堵严了的。谁去把它挖开？尤其是冬天，既无潜水衣，也无吸气管。这项艰巨的任务只能落在“腊汉”（未婚男青年）们的身上。他们脱光衣服，喝碗米酒，潜入水中，用锄头和手指一次又一次地刨挖放水口。有时要几个人轮换下去，直至把放水口挖开，而且还要十分注意自己的手脚和身体不被放出的水流吸住，否则将出现难以想象的严重后果。

将水放干后，各房族要派人去把池塘里喂养的草鱼、鲤鱼或鲢鱼捉来进行分配。因为各房族都在池塘里放鱼，如何识别各房族的鱼并进行合理的分配呢？这也是一门学问。聪明的竹坪人很有办法，放鱼时他们就事先约定：甲房族剪去鱼的一点尾巴；乙房族剪去鱼的一点胡须；丙房族剪去鱼的一点前左鳍；丁房族剪去一点鱼的后右鳍……总之，每条鱼的身上都有本房族的记号，只要根据这些记号进行分配就合情合理了。也许这就是由原始共产制过渡到封建私有制的第一步。

待各房族喂养的大鱼捕捉完了，其他小鱼、杂鱼、泥鳅、黄鳝等则是“各取所需”了，“开大塘”最热闹的时刻也开始了。只听寨老一声令下：“Liaiv deaml loh!”（借塘啦!）早在岸边等候多时的全寨妇女、儿童拿着各种各样的捕鱼工具一起跳入塘中，捞的捞，捉的捉，挖的挖，叫的叫，笑的笑，有淘气者还存心用竹竿往人群密集的地方拍打污泥，弄得抢鱼的人们身上、脸上都是污泥，可谁也不会生气，只是你看看我，我看看你，哈哈大笑，因为这是一种传统习俗。这哪里是在捉鱼，这实际上是一种原始劳动方式的再现，也是一种原始的娱乐方式。在这样的时刻里，任何人、任何苦难、任何仇恨统统都被抛到九霄云外。侗族人就是这样不断地寻找着他们共同的人生乐趣及社会和谐。

第二节　侗家美食

一、侗不离酸

“侗不离酸”，这是侗族民间广泛流传的一句俗语。酸鱼、酸肉、酸汤、酸菜等都是侗族人民宴请宾客的主要菜肴。酸味食品有助消化、增食欲等功能。还有提神、美容、美发等功效。侗族妇女的头发又长又黑，素有“长发妹”之称。这与侗族人经常食用酸味食物不无关系。

腙鱼侗语称“bal wedl”，又称“bal sems”（酸鱼），是侗家人最喜欢吃的酸味食物之一，其制作工艺比较复杂。秋收时节，人们将从稻田里捉来的鲜鱼洗净破开，去掉内脏，然后用适量盐巴腌制并反复揉搓。两天后再用糯米饭、辣椒、生姜、花椒粉等佐料拌匀。然后一层一层放进木制的腙鱼桶里，并用棕树叶或楠竹笋壳覆盖，压紧，再放上几块从河里捡来的鹅卵石或圆形石头压住，让腌鱼的盐水从石头缝隙中自动渗出。两三个月之后，便可以取出食用了。这是侗族人民长期保存食物避免腐烂的一种有效办法，有的腙鱼甚至可以存放几年或几十年。猪肉、牛肉、鸡鸭等也都可以照此法制作成酸肉、酸鸡、酸鸭等。

酸汤鱼也是侗族人民喜欢食用的一种菜肴。侗族酸汤的制作工艺也很特殊，主要是用当地特产的无污染的香禾糯作为原料，经过浸泡、过滤、沉淀、煮沸、酿制等多种工艺精制而成，外加当地特产的鱼腥草、五香草、薄荷草、木姜子等多种植物香料配制，营养丰富，口味特殊。

此外，各种酸味蔬菜、野菜也常见于侗家人的餐桌上，如酸青菜、酸竹笋、酸蕨菜、酸辣椒、酸黄瓜、酸藠头等。

二、红肉

在侗语南部方言地区做客，有一道菜许多外来人都不敢吃，因为这道菜像生肉一样红彤彤的，所以侗语称之为“nanx yak”（红肉）。其实这道菜是侗家美食中最有特色的一道菜，色香味俱全。

红肉的制作方法并不简单，首先要挑选最好的鲜猪肉做原材料，如猪肝、猪肚、猪里脊等，外加杀猪时留在胸腔内的槽血。先将猪肝、猪肚、猪里脊等用炭火或用铁锅烤或焙成八九成熟，切成碎片；将棰油籽、花椒、生姜、鱼腥草、煳辣椒等捣成碎末或切成细丝；加上适量盐巴；最后倒入事先准备好的槽血。反复搅拌，使之均匀，一道美味佳肴就做成了。

三、味美的百草汤

侗语南部方言区的侗人杀牛宰羊，如果没有“瘪”（bieex），牛羊肉是不受欢迎的，甚至放臭了都没人买。这是为什么呢？因为这一地区的侗家人最喜欢吃牛瘪或羊瘪。

有这样一个真实的故事：有几位美国人到贵州省黎平县去旅游，他们听说侗族人爱吃牛瘪羊瘪，很是奇怪。因为他们从道听途说中得知，牛瘪羊瘪就是牛粪羊粪。侗族人怎么能吃牛羊粪便呢？真让他们感到费解。有一天，他们到侗寨参观，热情好客的侗家人请这些远道而来的美国客人吃饭，其中有一道菜是牛肉做的。大家知道，西方人最喜欢吃牛肉，只是加工的方法跟中国人不同而已。这几位美国人见到牛肉，还是热气腾腾的牛肉火锅，而且香味扑鼻，他们便大吃起来。他们还边吃边说：“Yummy！ Yummy！”（好吃！好吃！）但他们万万没有想到，这就是用牛瘪加工而成的牛肉！

牛羊瘪其实是牛羊胃里的一种胃液。大家知道，牛羊都是食草动

物，牛羊把各种青草吃进胃里，需要分泌大量的胃液才能消化。侗家人杀牛宰羊时，就将牛羊胃里尚未完全消化的食物取出来，然后用纱布将胃液滤出或挤出，这就是所谓的牛瘪或羊瘪。然后将其煮沸备用。煮牛羊肉时，尤其是牛羊肉火锅，只需放一点点牛瘪或羊瘪进去，就会香气扑鼻，别有风味。因为牛羊是食草动物，而侗乡的青草又品种繁多，所以有人就称牛羊瘪为“百草汤”。

百草汤不仅味美，而且有助于消化并增强食欲。

四、烧鱼之趣

侗族是水稻民族，侗族的传统农业主要是种植糯稻。侗家的糯稻田里都放养鲤鱼。秋收时节，侗族人都有意留一两丘鱼儿最多、最大、最肥的糯稻田最后收割，以便届时通知亲戚朋友们来吃烧鱼。

是日，田主人早早起来蒸糯米饭并通知相关人员到某地去吃烧鱼，然后带上糯米饭、糯米酒、盐巴、辣椒上山开田。所谓开田，就是将稻田里的水放干。等亲戚朋友都到齐了，便开始捉鱼。这也是最热闹的时刻，尤其是孩子们，追、摸、捉、抢，个个满身满脸都是泥巴，欢呼声、笑闹声此起彼落，好不热闹！这时，男人们已经从山坡上捡来了干柴，并在较宽的田埂上生起了篝火，同时还准备好了长长的竹签或树签。然后将孩子们捉来的鱼洗净并逐条从鱼嘴到鱼尾穿在竹签或树签上。接着在火边慢慢烘烤，直至鱼皮烤黄，鱼肉烤熟，外焦里嫩，四野飘香。在捉鱼和烧鱼的时间里，妇女们也不闲着，她们到处去采野菜或野香料，什么蚂蚁菜、韭菜、野蒿、木姜子及鱼腥草等。这些野生植物的根、茎、叶或果实都是吃烧鱼必不可少的佐料。最后将盐巴和辣椒做成蘸水，准备工作基本就绪。

吃烧鱼开始了，没有桌子，没有凳子，也没有碗筷。妇女和儿童们用溪水将手洗净，有的席地而坐，有的就地而蹲，大家围成一圈，一手拿条烧鱼，一手拿坨糯米饭，就着蘸水和野菜便津津有味、有说有笑地吃起来了。男人们比较讲究，因为他们需要喝酒，所以事先从家里就带来了一些酒碗或酒杯，他们一边吃鱼，一边喝酒，讲述着一年的辛苦与欢乐，不时还要划几拳。

烧鱼　（邓敏文摄）

酒足、饭饱、鱼够，人们才带着丰收的笑脸踩着夕阳的余晖回家。

第三节　侗族婚恋

一、行歌坐夜

侗族青年男女有谈情说爱的自由，行歌坐夜是流行于侗语南部方言地区的一种恋爱习俗。侗语称“nyaoh nyaemv”（坐夜）或“nyaoh wungh”（坐翁）。

每当夕阳西下，夜幕降临，同一氏族的未婚男青年便相互邀约，三五成群，手弹自制的琵琶或手拉自制的牛腿琴去寻访他们心爱的姑娘。而此时此刻，另一氏族的姑娘们也早早地吃过了晚饭，她们也三五成群地聚集在某位姑娘的家里，一边纺纱或者绣花，一边在歌师的指导下学歌练歌。所谓“歌师”，其实就是女青年们的父母或爷爷奶奶。当姑娘们听到琵琶或牛腿琴声时，就会把房门插上。男青年们听到纺纱的声音或唱歌的声音，便断定屋内有姑娘。于是男青年们便去敲门并用歌喊门，请姑娘们快快开门。姑娘们听到男青年的歌声或喊门声，就知道他们是些什么人了。如果是意中人，姑娘们就会赶紧开门让男青年们进屋。如果是陌生人或不是意中人，她们就会用歌声婉言谢绝并继续等待她们的意中人。男青年们也只好再去寻找另外的意中人。

如男青年受到欢迎，进屋以后女青年们就会主动让座，并请男青年们唱歌给老人听。男女青年各唱完一两首歌之后，知趣的老人及歌师们都会以各种借口睡觉或回避去了，这间屋子便成为男女青年们唱歌对歌、谈情说爱的天地了。行歌坐夜的男女青年一般都很懂规矩，只能唱歌或说些相互赞美的语言，一般都不说脏话，更不能动手动脚。有违规者，会受到大家的鄙视。

经过多次这样的交往，如男女双方都有情感，待到夜深人静，男青年们就会主动出钱去买糖买鸡来煮糖粥或者鸡粥；女青年们也会给男青年赠送手镯、花带、鞋垫等定情物。事后，男青年就会请本房族的老人到女青年家正式求婚。如果双方父母都表示赞同，这门婚事就算成功了。如果一方或双方父母都不赞同，而青年男女之间的感情又很深，那就只能采取私奔的办法解决了。

侗族行歌坐夜的传统习俗可能是古代族外群婚制的一种遗存。参与行歌坐夜的青年男女，不一定都能成双成对，但只要其中有一男一女有了感情，大家都会积极帮助并促进他们能成为夫妻，这也是侗族婚恋习俗的一个重要特点。

行歌坐夜　（邓敏文摄）

二、玩山赶坳

玩山赶坳的恋爱习俗主要盛行于侗语北部方言地区，侗语称“weex yans”（玩耍）。所谓“玩山”或“赶坳”，就是青年男女相互邀约到村寨附近的山坡上或山坳上对唱情歌、谈情说爱的一种社交活动。

“玩山赶坳”活动一般都是逢年过节或赶场（赶集）之日举行，形式多种多样，内容丰富多彩，其中包括寻偶、对歌、诵垒（用侗语或汉语朗诵的条理话）等，主要内容是表达男女青年之间的相互爱恋之情。

玩山赶坳　（吴育瑞摄）

在玩山过程中，男女青年主要是以歌代言，用歌传情，其歌称“玩山歌”。其中包括《初会歌》、《请坐歌》、《有缘歌》、《夸赞歌》、《探情歌》、《借把凭歌》、《邀约歌》、《相思歌》等。所谓“借把凭歌”就是男女青年之间交换信物时所唱的歌。如男唱：“妹年轻，手拿戥子不会称，手拿棉花不会纺，又借哪样为把凭?”女答：“哥要借件哥莫忙，妹要跟哥借几样：天上明月借一个，月内杪椤借一枝，虾子眉毛借四两，蚂蟥骨头借一根。你哥若肯借给我，还不起恩记得情。”所谓“邀约歌”，就是男女青年约定下次见面的时间地点所唱的歌。所谓“相思歌”就是表达男女青年之间相思相爱的山盟海誓，如“蚂蚱死在草叶上，全身烂了手不放。剩个心头都还想，烂不剩渣情难忘。”

“诵垒”又称“白话”，是一种有节奏、有韵味的艺术语言，是玩山赶坳时由男女双方只诵不唱的一种语言形式，多半是用汉语或侗汉结合的语言形式表达，如“地薄古树不长，水浅大鱼不游。冬天的鱼奔下丘，春天的鱼争上游。蛟龙只待春雷吼，驾云乘风万里游。人心一横就是路，天南海北伴哥游。马无笼头到处走，哥今无伴到处游。哥今好比鸬鹚鸟，为鱼才来江边游。鲤鱼水面翻筋斗，气死馋猫江边游。无事不登三宝殿，有事才来这团游。变鸟和哥共篼树，变鱼陪哥共塘游。阳魂隔郎千里路，阴魂朝日同郎游。鸭子下水风打散，几时得来共塘游。”

将北部侗语方言区的玩山赶坳恋爱习俗和南部侗语方言区的行歌坐夜恋爱习俗进行对比，我们也可以明显地看出汉文化对侗族恋爱习俗的影响。如行歌坐夜主要是在姑娘家里进行，而玩山赶坳却主要是在山上进行。再如玩山歌多用汉语或侗汉语夹杂的语言形式演唱，而坐夜歌主要是用侗语演唱。由室内转移到室外，由侗语变成汉语，或许这是侗族青年男女恋爱习俗发展演变的历史过程。

三、不落夫家

百里不同风，十里不同俗，侗族婚俗各地不尽相同。今贵州省黎平县竹坪侗寨的青年男女结婚必须事先择定吉日。结婚这天，男方要选择本房族中家庭兴旺、双双健在、辈分较高的老年夫妇来主持婚礼。婚礼一般是在凌晨天快亮的时候举行。

老妇负责提着灯笼、带着雨伞去接新娘，不带任何彩礼，更没有轿夫抬轿或吹吹打打、燃放鞭炮的热闹场面。一切都在寂静的夜幕中悄悄进行。新娘出门时，不带任何嫁妆，只有本房族的一两位未婚姑娘陪同，称为“伴娘”。无论天晴下雨，新娘都要打着老妇从新郎家带去的雨伞，以示风雨无阻。路上不能遇见生人，更不能遇见孕妇。如遇见了，则视为一种不吉利的现象，所以一般人都会自动回避。

老妇出门之后，新郎家的男女老少也都要出门回避，家里只留来

帮主持婚礼的老夫一人做各种迎接新娘的准备工作。如将事先准备好的母鸡挤死[①]，洗净，剖腹，煮熟，等候新娘到来。

肇兴婚俗活动　（图片来源：《民族画报》资料）

新娘进屋，要按神师事先选定好的方位坐下，不许言语。随后，主持婚礼的老年夫妇要和新娘一起把事先摆好的鸡肉和糯米饭吃光。吃完之后才喊其他人进屋。大家谈谈笑笑一会儿之后，又由老妇带着几个姑娘挑起两对盛着糯米饭的白瓜葫芦（侗语称“oux boh”）和几斤猪肉把新娘送回娘家。

当晚，新娘的表兄表弟们要来抢“葫芦饭”（oux boh），新娘和本房族的姐妹们不让抢，并用事先准备好的锅底烟抹表兄表弟们的脸面。双方你争我夺，说说笑笑，最终还是让表兄表弟们把“葫芦饭”和猪肉抢走。

---

① 挤死：当地方言，意为勒死或掐死。

挑着糯米饭去参加婚礼是肇兴侗族的风俗习惯

（图片来源：《民族画报》资料）

次日早上，新郎才宴请外祖父、叔伯等各位亲戚朋友。直至傍晚，新郎才派自己的同胞姐妹或本房族姐妹去把新娘请来吃晚饭并将新娘家事先准备好的简单嫁妆——新被窝、新纺车等物带回新郎家。

婚礼过后，新娘也不经常在新郎家住宿，只在重大节日或农忙时节新郎才又派自己的同胞姐妹或本房族姐妹去把新娘接来住一两天。在此期间，新娘在娘家仍可和本房族的姐妹们一起行歌坐夜，直至身怀有孕，才在新郎家常住下去。这就是所谓的“不落夫家”。这种习俗，现在也正在逐步改变。

四、容天下难容之事

今贵州省剑河县小广乡小广村，是一个古老而神秘的侗族村寨，它以奇特的婚姻习俗和其他风俗习惯引起了中外民俗学家和普通游客

的浓厚兴趣。正如当地知名学者龚立新先生所说的那样：“我观光过不少的民族婚俗，没有一个像小广地区的侗族婚姻这样奇特；我耳闻目睹过不少青年人的罗曼史，也没有一个像小广地区的青年男女这样胸怀宽广——大肚能容天下难容之事。”

新郎新娘成婚之日，新郎家派来接新娘的关亲客和新娘及娘伴（新娘的女伴）在新娘家的酒席宴上对唱约两三个小时的歌之后，便有五六个青年小伙子呼拥而至。他们先在木楼下呼喊，并毫不客气地敦促关亲客赶紧离席，他们也要上楼与新娘及娘伴们饮酒对歌。在这帮不速之客的再三催促之下，新娘家的主人才把关亲客转移到隔壁房族家去饮酒，并把正堂让给这伙青年人。原来，这些青年人是曾与新娘谈过恋爱的有情人，只是因为种种原因没能成为夫妻，但他们并没有“吃醋”的感觉，更没有嫉妒的心理。相反，他们在情人出嫁之时，还前来送行，并当着新娘的面唱留恋、惜别、丢情、分手的歌，鼓励新娘此去要好好侍奉公婆和新郎。男女双方边饮边唱，直至凌晨两点多钟男青年们才依依离席。①

这种独特的风俗习惯既反映出小广侗人特有的婚姻观念，也反映出侗族人民特有的宽阔胸怀。

第四节　其他习俗

一、路遇的礼节

侗族人很讲文明礼貌，无论在村子里或是在山坡上，遇到人时，无论认识不认识都要主动打招呼。一般是年轻人给年长者打招呼，晚

① 陈远卓等编著，《侗寨古风》，中国文联出版社，2004。

辈给长辈打招呼。如“爷爷，您去哪里?”“奶奶，您从哪里来?”如果遇到不认识的人或不知道怎么称呼，那就根据对方的年纪灵活应对了。凡遇到和自己父母年纪大体相当者，就叫“伯伯”、“叔叔”或“大妈”、“叔妈”。如果遇到和自己年纪相当的人，也可以直呼其名或叫“哥哥”、“姐姐”、“弟弟”、“妹妹”。如果见人不打招呼，人家就会觉得你不懂礼貌或太高傲，甚至会认为你是傻子。

侗族人还有降辈称呼别人的习惯，即如果自己有了孩子或孙子，即便遇到和自己年纪相当的人，也要用自己孩子的身份称呼对方，或叫“爷爷”、“奶奶”，或叫“伯伯”、“大妈”。如果已知对方也有了孩子或孙子，就不能再直呼其名了。就应该根据对方孩子或孙子的名字叫“补某某”（某某的父亲）、“馁某某”（某某的母亲）或“爹某某”（某某的爷爷）、“萨某某”（某某的奶奶）等。

侗乡的山路都比较窄，所以凡遇到老人或挑担子的人，都要主动站到路边避让，不能擦肩而过。等老人或挑担子的人走过去了，自己才能继续前行。如果遇到认识的老人挑担子，自己空手走路或自己挑的担子比老人的轻，还要主动帮老人挑或和老人换担子挑。

这都是侗家人的基本礼节。

二、人神共处的世界

侗族人信仰多神，崇尚万物有灵的神灵观念。侗族人认为，人和山、水、树木、石头等都有两种属性：一种是看得见摸得着的躯体，侗语称之为“xenl xangh”；一种是看不见摸不着的灵魂，侗语称之为“guaenl”。因为躯体是看得见摸得着的有形部分，所以侗语称之为“mangv yangc”（阳界）；因为灵魂是看不见摸不着的无形部分，所以侗语称之为“mangv yiml”（阴界）。阴界和阳界相互依存，因而组成了整个世界。侗族人还认为，灵魂可以离开躯体到处飘游，躯体消亡或腐

朽之后，灵魂还将继续存在。所以说，侗族人也是灵魂不灭的崇尚者。

在侗族人的传统观念中，没有“天堂”、“地狱”、“人间”三界之分，只有“阳间”与“阴间”两界之别。人、神同处，阴、阳相依，这是侗族民间信仰的主要特征。侗族人还认为，人的灵魂如果出走或离开人的躯体，人就会生病。所以人一有病，必须招魂，就是让阴阳师傅（鬼师，侗语称“Sangh”）到阴间去把灵魂请回来。如果人的灵魂请不回来，一去不归，人就会死亡。人死后，他的灵魂都会回到侗族人心目中的祖源之地——“Gaos Senl Ngac Nganh”（雁鹅村头）。那个地方四季如春，鸟语花香，没有灾难，没有痛苦，人的灵魂可以在那里自由自在地唱歌、跳舞。

侗族人还认为，山水、石头、树木、花草、牛羊等自然物的灵魂也和人的灵魂一样是有知有觉、有情有感的，而且认为这些自然物的灵魂和人的灵魂是相互依存、患难与共的。所以人们要爱护自然、珍惜自然，甚至要用祭拜的方式请求各种各样的自然物的灵魂护佑人的身体健康、村寨安全、五谷丰登等。

三、欢声笑语分遗物

侗族的丧葬习俗各地各时不尽相同，这里仅以贵州省黎平县竹坪村侗族人的传统丧葬习俗为例进行介绍。

重病人临终之时，所有在家的本家人都要为死者送终。死者气休之后，送终者就在床边烧香化纸，然后给死者剃头，洗身上，换上寿衣。如是女人，就给梳发挽髻。如死者牙齿毫无缺损，还要凿损一点，表示年老必须损牙。之后就在堂屋摆设灵床，由女儿、儿媳们各献出一张垫单，大女、大儿媳的摆在最上面，小女、小儿媳的摆在最下面。死者头朝里边躺在灵床上，脚前放一张小饭桌。饭桌上面摆一升米，以便插香，并在一边插上写有死者生卒年月日的纸牌，称为灵牌。年满花甲者用红灵牌，未满 60 岁者用白灵牌。灵牌前面放一盏油灯及腌鱼和糯米饭，作为祭祀死者的供品。安排妥当，则由神师定时燃放鞭炮，儿女、儿媳们方可随炮声开始放声哀哭。此时，丧家大门外边还要悬挂一束禾把，凡来吊丧者必须带一线禾谷回家，以示进了丧家门，拿回一线谷，保自家平安清吉①。

死者由神师择时入棺。棺材放在堂屋正中，用花毯罩上。从死者上灵床到登山之前为守灵期。这几天，死者的亲生儿女头戴白孝帕，身围麻腰，脚穿草鞋，不吃鲜肉，只食腌鱼，表示尽孝。灵柩两边都是孝女、孝妇，至亲妇女及房族妇女来吊丧时，在场的妇女都陪同哀哭。守灵期间，死者儿子可委托本房族中有能力者帮助安排事务。凡重要决定均须与娘家人共同商量。登山前一天，要根据亲戚朋友的多少裁剪白孝帕，挨门送去，作为报丧。同天晚上，由女婿们把吹鼓手请到丧家吹奏唢呐。有条件的家庭，在登山前还要举行隆重的“点主”仪式。抬棺上山称为抬重。登山之日因为客人很多，全寨各房族都主动互相帮助。

次日早晨，以娘家全房族妇女为主体，带领孝女、孝媳等至亲妇女们一起上山邀请死者灵魂回家，由亲儿媳妇背葛麻口袋，内有神香、纸钱和糯米饭与腌鱼等供品。来到坟前一起拜跪、祭奠，并邀请死者灵魂随大伙回家。中午，娘家人中与孝子同辈的姑娘们要与表兄表弟分遗物，彼此口舌争论，欢声笑语，以此解除丧家悲哀气氛。事后由娘家推选一位老年人手执扫帚、撮箕，挥手示意打扫厅堂，并赠以吉祥话语，妇女们则清除垃圾，洒扫屋内各个角落，丧事结束。

---

① 平安清吉：平安、清洁、吉利。侗人认为家中如有鬼，则为不清洁、不吉利。

第六章

多彩的文学艺术

侗族是一个热爱艺术并善于进行艺术创造的民族。侗族的文学艺术主要是以口头形式流传，其中包括民间歌谣、民间传说、民间戏剧等。侗族民歌来源久远，从古老的《弹歌》和《越人歌》到近现代侗族大歌一脉相承。如今，侗族大歌已经成为世界级的“人类非物质文化遗产代表作”。

第一节　侗族先民爱唱歌

一、《弹歌》寻源

侗族人民喜欢唱歌不是始于今日，而是已经有了非常悠久的历史。前面我们已经讲到，侗族是古代越人的后裔，古代越人是侗族的先民。也许大家还能记起，中国有一首最早被记录下来的民间歌谣《弹歌》或《作弹歌》。这首歌就是古代越人的歌谣。汉朝人刘晔在他所著的《吴越春秋·勾践阴谋外传》中记载有这样一个故事：

距今2500多年以前的春秋战国时期，位于中国南方的越国被邻近的吴国打败。越国国王勾践为了报仇复国，卧薪尝胆，广罗人才，于是越国大臣范蠡向越王勾践推荐一位名叫陈音的射箭能手。

陈音的确是一位弓箭专家。他小时候学习非常刻苦，传说他为了学习箭术，为了训练自己的眼力，有时几天几夜躺在织布机下观察妇女们织布，两眼盯着织布机上来回穿梭的梭子，直至把飞快运动的梭子看成一动不动的静物为止。有时他又几天几夜盯着一根挂在远处的头发，直至把这根头发看成像手指粗的东西才肯罢休。

越王勾践为了考察这位陈音的真才实学，便对他进行面对面的严格考核。越王说："请你讲一讲弓弹产生的道理。"

陈音不慌不忙地回答："据我所知，弩来源于弓，弓来源于弹，弹起源于古代的孝子。"

越王勾践感到纳闷：弓弹怎么会和孝子有关系呢？于是追问："弹和孝子的关系究竟如何？"

陈音回答："古时候，人们的生活非常艰苦，饿了就吃鸟兽的肉充饥，渴了就饮雾露的水解渴，人死了就用白茅包着尸体扔在荒野之中。有位孝子不忍心看到自己父亲的尸体被禽兽吃掉，于是创造了一种被称为'弹'的工具守在旁边，以防止鸟兽来啄食父亲的尸体。"陈音为了让越王相信自己的说法，便引用这样一首古老的民间歌谣作为证据：

断竹，续竹；飞土，逐肉。

这就是我们今天所能见到的有文字记载的最原始的歌谣《弹歌》或《作弹歌》。

这首歌谣的作者是谁？它产生于什么年代？陈音的解释是否有科学道理？对于这样一些问题，目前还没有一致的看法。有人认为，这是炎黄时代黄帝创作的歌，所以有人把它称为"黄歌"。有人认为，这是一首产生并流传于中国南方越人聚居区的原始歌谣，是上古时代越

人所唱的歌。后面这种观点可能更接近于实际，可惜没有留下越语的原歌。

几千年时间过去了，有人会问：这种歌谣形式现在还能在民间找到吗？回答是肯定的。如有这样一首侗族原始歌谣：

祭祖，靠嘴；
做工，靠力；
进山，找兽；
下河，找鱼；
得肉，分串；
得鱼，分吃；
独吃，额肿；
众吃，快长。[①]

这是一首古老的侗族儿歌，歌中表达了这样一些古老的原始观念：祭祀祖先，要歌颂祖先的功德，所以“靠嘴”；参加生产劳动，必须付出体力，所以“靠力”。侗族人民喜欢依山而居，傍水而住，他们的祖先上山打猎，下河捕鱼，进行着原始的劳动分工。因为当时的生产水平十分低下，劳动所获只能勉强维持人们的生命，所以无论是打到野兽还是捕到鱼虾，都必须按人口平均分配，一人一份。如果有人“独吃”（吃独食）而不分给大家，就会遭灾遭难，额头肿胀；如果让大家享受，就会无灾无难，健康成长。

这首古老的侗族歌谣，无论是内容还是形式，都与上古时期的《弹歌》相似，它们之间似乎存在着某种密切的渊源关系。这种动宾或主谓结构、二言一句的原始歌谣，应当是最古老的歌谣句式，也

① 贵州省文联民研会1986年编印的《侗族文学资料》第五集。

是最原始的诗歌形式，所以称它为“活的《弹歌》”。后世的民间歌谣或文人诗词，都是在这种歌谣形式的基础上逐步丰富和发展起来的。

侗族的弹　（邓敏文摄）

二、《越人歌》的作者是谁

侗族先民爱唱歌还有一条史料可以证实，那就是古老的《越人歌》。西汉著名文学家兼史学家刘向（约生于公元前77年，死于公元前6年）在他所著《说苑》一书的《善说》篇中记载有这样一件事情：

楚国国王襄成君开始登基的那一天，身穿翠绿的衣服，腰挎漂亮的宝剑，脚登丝绸做的鞋子，站在准备去游玩的河岸上。那些随行的高级官员——大夫们前呼后拥，敲钟鸣锣，热闹非凡。这时，有人传出号令：“谁能帮助大王从这里渡过河去呢?”有一位名叫庄辛的大夫急匆匆地走了过来，他先向大王拜了一拜，然后站起来说：“我愿意拉着大王的手渡河，可以吗?”襄成君不言不语，脸上还露出很不高兴的表情。过了一会，庄辛洗了洗手，然后给襄成君讲了这样一个故事：

您听说过鄂君子皙[1]在水上乘船游玩的情景吗？他乘着巨大的游船，游船上张灯结彩，富丽堂皇，钟鼓齐鸣。鼓乐之后，一位划船的越人扶着船桨悠扬地唱道：

滥兮抃草滥予昌枑泽予昌州州湛焉乎秦胥胥缦予乎昭澶秦踰渗惿随河湖

这是什么歌呀？谁能听得懂呢？原来这是一首用当时越人的语言演唱的一首民间歌谣。鄂君子皙说："我听不懂越人的语言，请你们用楚人的语言给我翻译翻译吧。"随从的官员们赶紧找人来翻译。原来这首歌的内容是这样的：

今夕何夕兮？搴舟中流。
今日何日兮？得与王子同舟。
蒙羞被好兮，不訾诟耻。
心几顽而不绝兮，得知王子。
山有木兮木有枝，心悦君兮君不知。

鄂君子皙听了之后，高兴得手舞足蹈，并用他那华丽而宽大的衣袖将这位划船的越人歌手紧紧地搂在怀里。

鄂君子皙是楚共王的儿子，公元前529年曾任过楚国最高的执政官——令尹，相当于后世的宰相或现在的总理。这首产生于2500多年以前的、由一位越族姑娘所唱的歌，就是著名的《越人歌》，它是中国文学史上的第一篇翻译文学作品。

---

① "皙"和"晰"通用。原著为"子皙"，但《现代汉语词典》又将"皙"字规范为"晰"。为尊重原著，本书仍写作"子皙"。

《越人歌》是越人的歌谣无可非议。侗族人是古代越人的后裔，所以我们也可以自豪地说：《越人歌》也是侗族先民的歌。那么，我们又有什么依据说明唱这首歌的人是一位越族姑娘而不是越族男子呢？依据之一是歌中的那个“悦”字。大家知道，“悦”是喜欢的意思，如“喜悦”、“欢悦”等，都表示喜欢或高兴的意思。歌中所唱“心悦君兮君不知”。这个“君”肯定是指“鄂君子皙”。“鄂君子皙”是楚国的王子，肯定是个男人。如果那位划船的越人不是女的而是男的，则不可能唱出“心悦君兮君不知”这样的歌来。假如划船者是一位越人老太婆，除非她是个疯子，也不可能唱出“心悦君兮君不知”这样的歌来。何况鄂君子皙听懂这首歌的歌词之后，还走过去用双手拥抱这位越人划船者，并用自己宽大的衣袖盖在划船人的身上。从这些语言和动作中我们可以断定，那位划船人肯定是一位非常聪明、漂亮的越族姑娘。

《越人歌》的创作时间比伟大诗人屈原生活的年代还早100多年。这首歌既有用汉字记录的越语原歌，又有用楚语翻译的歌词译文，所以具有多方面的学术价值。

古老的《越人歌》无论是内容还是形式，都很像现在的侗族“河歌”。或许，现在的侗族“河歌”直接来源于古老的《越人歌》。因为这种歌都是徒歌，都是表达爱情，都是即兴创作，都是歌词简短，都是注重比兴，都是缠缠绵绵。下面，让我们来欣赏一首最著名的“现代越人歌”——侗族河歌《Naemx Luih Nyal Yongc》（水下融江）：“水下融江，我总等你随水下；水下苗江，你不想我只有我想你。”“融江”和“苗江”都在今日侗族聚居区内。

三、采桑节的由来

民间歌谣是文学艺术的重要组成部分，也是最原始的一种文学

艺术形态。民间歌谣从哪里来？中外学术界异说纷纭，其中有模仿说、娱乐说、宗教说、劳动说等，但都不能解释民间歌谣的真实来源。

生物学和人类学的基本常识告诉我们，人也和其他动物一样有寻求异性的本能。即便是上帝创造人类，最先也是创造亚当和夏娃。侗族神话中的人类始祖松恩和松桑或姜良和姜妹，也都是一男一女。他们为了繁衍后代，肯定要表达性爱。当初人类表达性爱的方式可能多种多样，但是最常用、最普遍的方式恐怕就是语言。这种发自内心的甜言蜜语，实际就是一首最动听的恋歌。所以说，最早的民间歌谣一定是一首发自人类心灵深处的恋歌。中国最早的诗歌总集《诗经》的第一首诗“关关雎鸠，在河之洲，窈窕淑女，君子好逑”就是一首表达性爱的恋歌。最早的侗歌也不可能例外。

关于爱情与侗歌的关系，侗族民间也有许多非常美丽的传说。流传在今贵州省剑河县侗族民间的《翁焦僚与厦格女》就是其中的一则：

传说远古之时，男子不知“玩山采花”（寻找女伴），女子不晓“花园攀藤”（结交男友）。翁焦僚在山上养牛口吹木叶，厦格女在田边采桑口唱山歌。木叶越吹越近，山歌越唱越多。翁焦僚和厦格女唱出了心中的欢乐。他们走到一起，山上的花牛站着张望，池里的白鹅扑着翅膀，池水里两张笑脸含羞对望……等到八月中秋，谷子黄了，瓜果熟了，翁焦僚和厦格女请来媒头媒现（媒人及证婚人），三朋四友，摆开长桌，端上米酒，从此结为夫妻，相亲相爱，同到白头。

为了纪念这两位用歌做媒的爱情始祖，每年四月初四或四月初八，当地侗族男女青年都要过“采桑节”。在节日里，男女青年可以自由地对唱情歌，自由地谈情说爱。

第二节 天籁之音与心灵之声

一、饭养身、歌养心

侗族先民爱唱歌的传统从古至今没有丢失。在侗族人民的心目中，唱歌不仅仅是一种娱乐，同时也是社会生活和精神生活的重要组成部分，是一种不可缺少的精神食粮，所以在侗族民间广泛流传着“Oux sangx soh，kgal sangx sais”（饭养命，歌养心）的说法。他们把唱歌看成同吃饭一样重要。老人教歌、青年唱歌、儿童学歌是侗族人民的传统风俗。他们用歌传情，用歌育人，用歌述史，用歌养性。如黎平县岩洞村有一位90多岁的老人吴启玉，他身体不舒服很少吃药，但必须请歌伴们来和他一起唱歌，一唱歌身体就好了。他的一生，培养了无数位优秀的后辈歌师或歌手。他的女儿吴培信是20世纪50年代走出侗乡、走出国门的第一位侗族歌手。

由于侗歌的长期流传与熏陶，使侗族社会形成一种勤劳致富、和睦共处、你来我往、相互依存、相互帮助、尊老爱幼、安定团结的良好风气；使侗族人民养成一种顾全大局、和善好客、注重友谊的良好习性。凡侗族村寨，很少出现打架骂人、偷盗钱物等行为，人们上山劳动或外出办事从不锁门；保管粮食的仓库、关养牲畜的圈栏也都建在寨外或者山上，无须看管，从不丢失，真可谓“夜不闭户，路不拾遗”。在侗族历史上，从来没有发生过支系与支系、村寨与村寨之间的战争。侗族人民与苗族、瑶族、壮族、布依族、水族、汉族等兄弟民族杂居共处，相互尊重，友好交往，从来没有发生过民族之间的战争与纠纷。侗歌不仅仅是一种供人欣赏的艺术作品，也是侗族人民的行为准则。

清代著名歌师陆大用、吴朝向等人创作的伦理大歌《劝乡老》、《劝懒人》、《劝郎娘》、《父母恩情深》、《酒色财气歌》等作品对侗族社会的伦理道德观念都曾产生过非常重要的影响。

如《劝乡老》这首歌中唱道："山上树木有直枝，天下富人行歪理。富人无理招人恨，穷人无理亲戚朋友看不起。"

《酒色财气歌》极力劝教人们饮酒不要过量，为人不要贪色，取财必须有道。如歌中唱道："吃饭喝酒要有数，不能超量总过度。路遇朋友说大话，醉酒使人犯糊涂……贪酒过度败家产，贪色过度伤舅姑……君子取财要有道，精耕细作才能多打谷。"

《父母恩情深》也是很受侗族人民群众喜爱的伦理歌，其中唱道："小小年纪父母养，滴滴恩情记心上。父母恩深似海洋，恩重如山不能忘。小时不会自进食，父母嚼饭酸腮帮。小时不会自走路，全靠父母背背上。从早到晚难放下，累得背驼腰也伤。形影不离带崽女，时时靠在大腿旁。拉屎拉尿淋身上，臭气熏天不嫌脏。夜间孩儿尿着床，父母赶紧抱儿郎。父母夜夜难入睡，孩儿一觉到天光。"

侗歌种类繁多，据不完全统计，不同名称、不同曲调、不同风格、不同演唱形式的侗族民歌有近百种。如大歌、琵琶歌、拦路歌、河歌、坐夜歌、玩山歌、踩堂歌、酒歌、笛子歌、木叶歌、牛腿琴歌、上山歌等。其中的琵琶歌又有曲调、风格完全不同的尚重琵琶歌、洪州琵琶歌、六洞琵琶歌、九洞琵琶歌、十洞琵琶歌、融江河琵琶歌等。

二、迷人的侗族大歌

侗族大歌是一种多声部、无指挥、无伴奏、无固定曲谱的民间合唱艺术。主要流行于侗语南部方言第二土语区，即今贵州省黎平县东南部、从江县西北部以及榕江县、广西三江侗族自治县与上述地区比邻的部分侗族村寨，流传区域总面积约1000平方公里，总人口10多万人。

先看看这“多声部”是怎么回事？按照侗族民间习惯，歌队在演唱侗族大歌的过程中有一种分工：一部分人“哆嗦美”（dos soh meix）；另一部分人“哆嗦虽”（dos soh seis）。所谓“哆嗦美”，就是“唱母音”或“唱雌音”，也就是唱低音的意思；所谓“哆嗦虽”就是“唱公音”或“唱雄音”，也就是唱高音的意思。因为侗族大歌来源于对自然声音的模仿，如蝉鸣鸟叫的声音等，所以就有“嗦美”（雌音）和“嗦虽”（雄音）的区别。大家知道，公鸡鸣叫的声音高亢，所以叫“嗦虽”（公音或雄音）；母鸡鸣叫的声音低沉，所以叫“嗦美”（母音或雌音）。这种民间称谓的本身，就已经体现出侗族大歌和谐的本质。大家知道，无论是自然界还是人类社会，都离不开公母的组合或雌雄的搭配，谁也离不开谁，否则，生物世界就会走向灭绝。侗族大歌所体现的“嗦虽”（雄音）与“嗦美”（雌音），实际上是体现了自然界和人类社会最普遍、最本质的和谐。

“无指挥”比较容易理解。奇怪的是，既然没有指挥，一个十几人或几十人的侗族大歌队为什么演唱起侗族大歌来是那样整齐？那样和谐？那样配合默契呢？这就需要心灵的和谐，思想的和谐，意志的和谐。没有这种潜在的和谐，各唱各的调，在没有统一指挥的情况下是难以想象的。例如，唱高音者有时两三个人甚至更多人轮流演唱，他们相互默契，天衣无缝，有时连听众都分辨不出谁唱高音，谁唱低音。这种和谐，其实就是自然分工的和谐，全局观念的和谐，也是艺术善美的和谐。正因为需要这种和谐，所以侗族大歌队的每一个成员必须具备很高的团队精神，必须自觉地服从全局的需要。例如演唱叙事大歌时，除领唱者外，其他人都要长久地发出“厄……厄……”的声音与之配合，衬托领唱。假如没有全局观念和团队精神，没有善美的心灵，那也是很难想象的。

让咱们再看看这“无伴奏”有什么奇妙之处？合唱歌曲，首先遇到的难题就是定音。一个十几人乃至几十人的合唱队伍，要充分发挥每一个人的潜在音高，那是很困难的。所以，一般的合唱队演唱歌曲时都要有伴奏，即用事先调整好音高的乐器定调或定音，通称“前奏”，然后大家才跟着唱。即便没有乐器伴奏，也要有“定音器”为起音者定音，然后大家才跟着唱。否则，很容易把起音定得太高或者太低，使大家唱不下去或难以正常发挥。可是，演唱侗族大歌既没有器乐定调，也没有“定音器”定音，全靠起音者的经验和感觉确定音高，侗语称“起顿”（起头）。这个“起顿”十分重要，甚至比领唱还重要。音起得不准，或者太高，或者太低，全体队员就都无法演唱或难以充分发挥每一个队员的天然音质。黎平县岩洞农民大歌队有一位叫奶金月的民间歌手，她不仅嗓音甜美，而且定音准确，每次起音都高低适度，许多音乐家听了以后都觉得非常奇妙。由她起音，人人都觉得“赖多”（好唱）。这样的和谐或许可以称之为“均衡和谐”或“平稳和谐”，没有这样的和谐，侗族大歌不可能如此优美。

最后再看看“无固定曲谱”是什么意思？大家知道，许多民族或地方的民歌曲调是一样的，只要把歌词套进去就可以演唱了。但侗族大歌不是这样，侗族大歌的每一首歌都有不同的曲调，只是每首歌的结尾或拖腔大体相同。另外，侗族大歌是一种口耳相传的民间艺术，它不仅每首歌的曲调不同，即便是同一首歌，由于传承的歌师不同、地域的口音不同，也会出现不同的风格特点。正因如此，才产生以地域命名的大歌种类，如“岩洞大歌”、“三龙大歌”、“肇兴大歌”、“口江大歌”、“坑洞大歌”、“小黄大歌”等。

侗族大歌的主要内容是歌唱自然，歌唱劳动，歌唱爱情，歌唱尊老爱幼及和睦相处的善良品格。

侗族大歌的传承方式非常特殊。传统侗族大歌主要是在侗寨鼓楼里演唱，而且必须是由可以相互通婚的男女歌队进行对唱。不能通婚的同胞兄妹或房族兄妹是严禁在一起唱侗族大歌的。逢年过节，甲房族或甲村寨的男歌队敲锣打鼓、吹奏芦笙去把乙房族或乙村寨的女歌队请来一起喝酒吃饭，然后再到鼓楼里去对唱大歌。而乙房族或乙村寨的男歌队也同样可以去请甲房族或丙房族的女歌队到自己的鼓楼里来对唱大歌。所以，有人又把侗族大歌称为“鼓楼大歌”。这些男女歌

鼓楼大歌 （龙月江摄）

队成员就是在这样的对歌活动中相识、相知、相爱，最后结成夫妻至白头偕老。由此形成的婚姻关系又衍生出房族与房族、村寨与村寨之间的经常来往，以致最后形成政治联盟或军事联盟来维护他们的共同利益。这就是传统侗族社会的民间自治和自卫组织——款组织的由来。由此可见，传统的侗族社会是以性爱作为它的原生基础，由性爱发展

或演化而来的母爱、父爱、仁爱等，都是构成侗族和谐社会的重要因素，而侗族大歌则是这种和谐因素的重要表现形式。

侗族大歌从哪里来？这是一个有待深入探讨的学术问题。因为没有可靠的文献记载，我们无从知晓侗族大歌真实的来龙去脉。我们只能从零零星星的汉文史料中得知：侗族的祖先于400多年以前的明代已经在“长歌闭目，顿首摇足”（邝露：《赤雅》）。那就是当时演唱侗族大歌的真实情景。从侗族大歌的产生到明代侗族祖先“长歌闭目，顿首摇足”，一定是已经跨越了一个非常漫长的历史长河。因为目前我们还没有可靠的证据证明侗族大歌更久远的历史，我们只能从现实生活和文化遗存中猜测侗族大歌产生的时代背景。

有学者认为：侗族大歌的产生与侗族社会的婚姻制度关系密切。侗族大歌大概产生于侗族社会中的族外群婚制时代。也就是说，在这个时代里，族内群婚制或乱婚制已经被排除，族外群婚制正在兴起。所谓“族外群婚制”，就是指同一氏族的男女青年已经不能通婚，他们必须到另外一个氏族或另外一个村寨去寻找异性伴侣。然而，在这个时代里，“一夫一妻制”的婚姻关系又尚未确立，不同氏族的青年男女，都可以互为“Saox Biius”（表夫）或者“Maix Biius”（表妻）。而且，姐姐或妹妹所生的女儿又必须嫁给哥哥或弟弟的儿子，即我们常说的“姑表婚制”或“女还舅家”。于是，在传统的侗族社会中便形成了一个个相对稳固的婚姻集团。这种婚姻集团的联系纽带便是同辈分的青年男女。他们以歌为媒，谈情说爱，常来常往，并带动或促进整个氏族或村寨成员之间的友好往来，侗语称之为“weex dingh”或“weex gkuant”。我们的侗族大歌就是在这样的社会环境中和历史条件下产生并传承下来的。

如今，侗族大歌已经飞出侗乡，飞向全国，并已经于2009年9月被联合国教科文组织批准列为“人类非物质文化遗产代表作”。侗族大歌正以其迷人的风采飘向五洲四海。

三、侗族文学史上的丰碑——《珠郎娘美》

《珠郎娘美》和《吉金烈美》是侗族文学发展史上的两部杰作和两块丰碑。它们双璧交辉，集中反映了19世纪中叶侗族社会的政治、经济、文化生活状况及侗族人民的婚姻状况、伦理道德状况等。这两部作品，可称得上是当时侗族社会的“百科全书”及心灵之声。

《珠郎娘美》是一部深受侗族人民喜爱的侗族传统文学作品。它以民间传说、民间叙事歌和民间戏剧等多种民间口头文学形式广泛流传于贵州省黎平县、榕江县、从江县，广西壮族自治区三江侗族自治县、龙胜各族自治县，湖南省通道侗族自治县等侗语南部方言地区。生活在这些地带的侗族人民，无论男女老少，或多或少都知道一些关于《珠郎娘美》的故事。《珠郎娘美》在侗族社会中的知名度或影响力，如同我国的《梁山伯与祝英台》或意大利的《罗密欧与朱丽叶》。

珠郎娘美塑像　（邓敏文摄）

《珠郎娘美》的故事梗概是这样的：在今贵州省榕江县车江侗寨有一对青年男女，男的叫珠郎，女的叫娘美。他们从小相亲相爱，相互倾慕。可是，珠郎的父亲决意要珠郎娶姑妈的女儿为妻；娘美的母亲

也决意要娘美嫁给舅舅的儿子为妇。这是侗族社会的古理古规和传统婚俗。珠郎和娘美在父母和舅舅的威逼下走投无路，只好破钱盟誓，各执一半，决意私奔。他们来到了“七百贯洞”，当地大财主的儿子银宜假仁假义让珠郎和娘美在自家的粮仓里暂时栖身，并假仁假义邀请珠郎与自己结拜兄弟。然后，银宜以请珠郎帮他到外地收账为名支走珠郎，并借机试图调戏娘美。当银宜遭到娘美的严词拒绝之后，便害死珠郎。娘美得知夫君被害的消息，强忍悲痛，并以采摘蕨菜为名寻回珠郎尸骨。娘美将珠郎尸骨背回贯洞寨内，爬上鼓楼，擂响牛皮大鼓聚众。娘美当众宣布：“我的丈夫珠郎不幸身亡，我在贯洞寨上孤身一人，举目无亲。谁愿意和我一起去掩埋珠郎尸骨，我就和他结为夫妻，白头偕老。”银宜早已垂涎欲滴，赶紧回答：“我是珠郎的结拜兄弟，我不帮忙谁能帮忙！”娘美把银宜引进深山，趁银宜挖坑不备将其砍死。

《珠郎娘美》的故事生动曲折，人物形象栩栩如生，人物情感真实细腻。这部作品从多方面、多角度反映了19世纪中叶侗族社会的风土人情及各种人物的生活状况、思想状况、道德状况及其复杂的人际关系。

1960年，《珠郎娘美》曾被贵州省文艺工作者改编成黔剧《秦娘美》到北京演出，京剧大师梅兰芳看了演出之后赞赏说：“我看的一出《秦娘美》是民间传说已久的一个侗族故事……拿全剧的思想性、艺术性来说，这确实是个好戏。”① 同年，黔剧《秦娘美》被海燕电影制片厂拍成舞台艺术片搬上银幕。这是第一部被搬上电影银幕的侗族民间文学作品，侗族人民的艺术才华第一次得到全国各族人民的公认和赞赏。

---

① 《光明日报》1960年6月26日。

第三节 侗族文化的杰出人物

一、长“一万只舌头”的歌师吴朝向

吴朝向（1778～1870年），乳名老德，别号“万麻”，今贵州省黎平县宰拱村人。他出生于一个贫苦农民家庭，小时没上过学，但他聪明过人，也很勤奋，他通过自学取得生员资格。因为他能歌善编，口齿伶俐，所以当地人给他送了一个别号“万麻”（Weenh Mac），就是有一万只舌头的意思。吴朝向很会编歌，其中有侗族大歌、伦理歌、踩堂歌、拦路歌、琵琶歌等。流传至今的有侗族大歌《美好时光》、伦理歌《天下人间尽歪理》、《天下坏人太猖狂》等。

吴朝向不仅是当地的著名歌师，也是当地的著名款首。他为人正直，刚正不阿。一年夏天，黎平府开泰县（今黎平县地）县太爷骑马到宰拱寨催军粮，返回县城时因为太阳太大，改为坐轿，并将马留给当地里长喂养。里长仗势欺人，将县太爷的马放到老百姓的田里去吃庄稼。吴朝向得知此事，愤愤不平，并叫几个年轻人用火枪把马打死。里长闻讯赶来，气势汹汹地对吴朝向说：“你狗胆包天，竟敢打死县太爷的马匹！你有几个脑袋？”吴朝向据理回答：“军有军粮，马有马料，践踏庄稼，杀马应该！”里长理屈词穷，只好上县府去报告。县太爷得知自己的马被人打死，立即派人去捉拿吴朝向，并亲自出庭审讯。审讯结果，判吴朝向赔马六千毫，坐牢三年整。宣判后县太爷问吴朝向还有什么话要说？吴朝向不慌不忙地说：“县太爷，你判得太轻了。赔马是小事，刑期也不长，只是这个案子判得不公正。常言讲：军有军粮，马有马料；官家放马，践踏庄稼；民为保粮，杀死官马；官要民赔马，民要官免粮。各算各的账，你看如何？”县太爷一听，再仔细想

想：赔马免粮？那怎么行？上司正催着要军粮呢！于是他赶紧说：“两免算了，两免算了。放你回去，放你回去。”吴朝向紧接着说：“既然这样，我本无罪。你派兵差把我抓来，今天叫我一人回去，人家还以为我是越狱逃跑。”县太爷问：“那怎么办？”吴朝向说：“你得派人送我回去，并当众宣布我吴朝向无罪。否则，我就到黎平府去告你贪赃枉法！”县太爷自知理亏，平时也不干不净，为了保乌纱帽，只好答应送吴朝向五十两银子，并请一抬轿子，一路燃放鞭炮，将吴朝向热热闹闹送回宰拱寨上。

二、“侗族歌圣”陆大用

陆大用是清代最有名望的侗族歌师，有人称之为“侗族歌圣”。生活在侗语南部方言地区的侗族群众，大多都知道陆大用或“大用歌”。

陆大用于清朝嘉庆十五年（1810 年）出生在今贵州省黎平县肇兴寨一个贫苦的侗族农民家庭。6 岁父亲病故，丢下母子二人相依为命。大用的母亲一生喜爱唱歌。大用 8 岁时，无资上学读书，只好跟随母亲学歌唱歌。12 岁时帮人养牛，一边放牧，一边唱歌。大用 15 岁时，就能独立编歌了。他编的歌生动形象，也很顺口，所以人人都爱唱他编的歌。

大用青年时代主要是编唱情歌。成年后，见闻越来越多，并看到当地财主和官人欺压百姓，他很气愤，于是就编些歌来讽刺他们。年长月久，财主和官人也对他产生了仇恨，并千方百计想陷害他。有一年，肇洞上寨与下寨为争纪况坡发生纠纷，大用编歌来评理，下寨财主黄中怀趁机买通官府，把大用抓去坐牢。大用蒙冤，十分气愤，于是在牢里编了许多抨击时政的侗歌，如《头人不好》等。而且他还教牢里的“囚犯”学唱，震动官府。永从县知县得知此事，亲自到牢房去听大用唱歌，并亲自询问大用编这些歌的目的。大用如实告之。知县听后，认为陆大用不但无罪，而且还是一个很不平凡的人。知县决定放他出牢。可是大用并不同意，他要知县亲自去处理纪况坡的纠纷。过了几天，永从县知县亲自到肇兴调查情况，结果和大用讲的完全一样。此案公正处理结束，大用才出牢回家。

晚年，大用经常到侗乡各地去传歌，为侗家人排忧解难，说理断案。他临死前对家里人和寨上人说："我为纪况坡坐过牢，也为肇洞上下寨因纪况坡所发生的纠纷做过调解，使上寨和下寨重归于好。我死以后，你们就把我埋在纪况坡那条路中间。那条路是上寨和下寨分山的界线，把我埋在那里，好让后人记得以此为界，不要再为争山打官司。你们要把我埋在半山腰上，我才能听到全寨人的歌声。我只要听到大家的歌声，就安心了。"

陆大用死后，寨上人遵照他的遗愿，真的把他埋在纪况坡大路中间的半山腰上，至今坟墓尚存。

三、侗戏鼻祖吴文彩

吴文彩（1798～1845 年），今贵州省黎平县矛贡乡腊洞村人，侗族，农民出身。他小时在本寨读过几年私塾，但没到过外地求学。由于他聪明勤奋，十几岁就成为当地有学问的"土秀才"，并被当地群众推选为款首。

吴文彩自幼酷爱侗歌，并十分注意搜集和研究侗族的传统文化。他 20 岁时，就成了当地有名的编歌能手，被人们誉为"歌王"。他不但喜欢编歌，而且也爱看戏。当时侗族还没有自己的戏剧，都是从汉族师傅那里学来的汉戏，唱词和道白都用汉语，许多侗族人都看不懂。吴文彩想，要是侗家自己有戏，说的是侗话，唱的是侗歌，那就好了。所以，吴文彩到了 30 岁左右，就不再参加乡老断事了。他在家装傻 3 年，呕心沥血，终于将汉族传书《二度梅》和《薛刚反唐》改编成用

侗语道白和演唱的侗戏脚本《梅良玉》和《李旦凤娇》。剧本编好后，他又自己设计唱腔，教姑娘和小伙子们演唱，很受侗族群众的欢迎。从此侗族人民有了自己的戏剧，吴文彩也成了侗戏的创始人。直至今日，侗族人民在侗戏开演之前，都要立坛请师，祭奠侗戏鼻祖吴文彩。祭词称："阴师傅，阳师傅，吴文彩师傅，不请不到，有请有到，日请日到，夜请夜到。快请快来，马上开台。"

吴文彩不仅仅是侗戏鼻祖和著名歌师，也是当地的著名款首和断案能手。关于吴文彩断案的传说故事很多，《找牛》是其中的一则：有一次，邻寨有一家农民丢失了一头耕牛，不知是被何人偷走，非常着急。于是失主便去找吴文彩帮助找牛。吴文彩愉快地接受了邀请。他来到这个寨子以后，一不去山上找牛，二不去各家访问，而整天和一群孩子到寨子边的稻田里去挖泥鳅。挖到泥鳅以后，他既不拿回家，也不送给别的孩子，而是在田埂上自己烧自己吃，还装出很有味道的样子。吴文彩挖泥鳅也很卖力，所以每次收获都比孩子们多。寨子里的人见了都很纳闷："吴文彩不设法找牛，却天天和一帮孩子挖泥鳅，是不是有病了?"第三天，吴文彩又在田埂上烧泥鳅吃，又围过来一帮孩子。孩子们见吴文彩的泥鳅又大又香，馋得直流口水。吴文彩见此情景，便和和气气地问："你们想吃吗?"孩子们纷纷点头，并伸出小手跟吴文彩要泥鳅吃。吴文彩边吃边说："你们想吃我的泥鳅也容易，就是要拿东西来跟我换。"孩子们问："拿什么东西来跟你换呢?"吴文彩说："别的东西我不要，我就是要好吃的东西，比如猪肉呀、牛肉呀、鸡肉呀、酸鱼呀都可以。但是有个条件，谁也不准跟大人说。让大人知道了，他们会说我贪吃的。"孩子们又点了点头，就各自回家去了。没多久，孩子们又都回来了，有的拿猪肉，有的拿鸡肉，有的拿酸鱼，只有一个孩子拿的是一大块牛肉。吴文彩把烧好的泥鳅一一地分送给孩子们，然后转过身去小声地询问那位拿牛肉的孩子："你为什么送这么一大块牛肉给我?”孩子天真而又神秘地小声说:“我们家天天吃牛肉,我都吃厌了。家里还有呢,就是爸爸不让我告诉别人。”吴文彩点了点头,便回寨子里去了。他首先把那位拿牛肉的孩子的父亲叫来,并当面指出他就是偷牛的强盗。那人死不承认,说自己从来没偷过牛。吴文彩把大腿一拍,立即派人到那人的家里去搜查,结果搜出一大缸用盐腌好的牛肉,又在楼顶上搜出一张尚未晒干的牛皮。失牛者一看,这就是他家丢失的那头牛的皮。偷牛案就这样破了,吴文彩的名声也更大了。

四、“以破天荒”的吴堂应

侗族在历史上只有本民族的语言而没有本民族的文字。学习和使用汉语汉文的情况乃是侗族社会文明程度的一种重要标志。唐宋之后,汉族文化逐步传入侗族地区,并在一些主要城镇相继建立汉文学校。但是,处于边远贫困山区的侗族村寨直至清代中期才开始陆续建立汉文学校。位于今贵州省黎平县岩洞镇竹坪村的竹坪小学,则是这些侗族村寨早期汉文学堂中的典型例子。

清朝嘉庆年间,竹坪村寨老吴堂应(1753~1835年)因为没有文化,治理家乡力不从心,于是他下定决心创办学校。他亲自到外地去寻访教师。嘉庆十四年(1809年),吴堂应便从潭清(今黎平潭溪)请当地名士杨映云来当竹坪学堂第一任教师,并和杨映云一起带领群众创建校舍。校舍竣工后,杨映云又用《以破天荒》为题给校舍撰写碑文,其文如下:

地名曰竹,继之以平。夫竹得平,必挺然殊茂,文秀蔚起。居此馆者,亦应如斯也。己巳年(1809年)余舌耕此,见人民殷富,子弟明敏,爰将向来文风询诸父老,每以鲜识

诗书为辞。因谓之曰：乡学未立，专业无所，竹尤未得其平，故无裴然之盛，如竹箭之有筠也。父老然之。是岁季冬，鸠工集木于寨之北，建树房屋数椽，傍山而居，羲取诸静，离寨独处，业取诸专。又有小溪旋绕左右，足以洗濯心胸，洵读书之佳境也。今而后，俾弟子皆造焉。肆业有所，竹果得平，猗猗之美，未必不以举卜之地。居此馆者，共勉乎哉。

20世纪70年代，因修公路经过学堂旧址，原碑遗失不知去向，幸有竹坪小学邓思善、钟隆声两位教师于1963年春已将碑文抄录，使之幸存于世。20世纪80年代，竹坪小学建新校舍，才又将碑文重新刊刻，留存至今。

有了学堂，竹坪人的子弟就有了读书学习的场所，可是由于封建统治者的民族歧视，竹坪人的子弟并没有得到进一步深造的机会。如当时的考试制度规定：生员录取名额大部分要留给城里的汉族人，城外的少数民族只能象征性地分给几个。吴堂应对此大为不满。于是他串通各地学生罢考，以示反对。官府以吴堂应破坏科举制度为由，准备捉拿治罪。吴堂应只好逃到黄龙山上躲藏起来。为了对付官府，遮人耳目，竹坪人为吴堂应修了一座假坟。官差来竹坪捉拿吴堂应时，乡亲们说："吴堂应已经死了。"官差不信，乡亲们便带他们来看"吴堂应之墓"。官差无奈，只好如实回去禀报。吴堂应为了躲避官府，在黄龙山上整整住了三年时间。这三年中，他呕心沥血，根据汉族传书《白兔记》改编创作成侗戏剧本《刘知远》。此剧在当地侗族人民中一直传唱至今。

竹坪小学自创建至今200余年，虽断断续续，历经艰难。但竹坪人对知识的追求和尊师重教的传统始终没有中断。竹坪小学也为国家文化教育事业培养了大批人才。至2009年不完全统计，竹坪小学先后培养出各级各类学校教师 50 余人，培养出大专学生 40 余人。他们当中有研究员、副教授、副主任医师、高级教师、工程师等。正因如此，周边一些村寨的侗族群众称竹坪村为“教师之窝”。

今日竹坪小学　（邓敏文摄）

第七章

侗乡新貌

1949 年中华人民共和国成立以后，尤其是 1978 年改革开放及 2000 年西部大开发之后，侗族聚居地区的经济文化建设日新月异。本章主要从交通信息、城镇建设、卫生事业、教育事业、侗人观念等方面进行概括性的简单介绍。

第一节 立体交通网逐步形成

“要致富，先修路。”这是广大侗族人民发自内心的至理名言。改革开放以来，尤其是西部大开发之后，侗族聚居地区变化最大的是交通。

侗族聚居地区，历来被称为“楚黔要塞”、“百越禁喉”。1943 年中国工农红军北上抗日，举行震惊世界的二万五千里长征，曾遭到国民党军队的围追堵截，损失惨重。于是，中央红军在今湖南省通道侗族自治县召开具有历史意义的“通道转兵会议”，决定向敌人布防比较薄弱、交通很不方便的贵州方向挺进。而后又在全国侗族聚居人口最多的黎平召开政治局会议，决定继续向西挺进，才逐步摆脱敌人围剿，因而挽救了红军并得以从胜利走向胜利。

中华人民共和国成立以前，侗族聚居地区只有一条湘黔公路擦边而过，侗族人运送物资主要靠肩挑脚运或河溪中的小木船运输。1963年，贵州省黎平县竹坪村一位侗族学生考上中央民族学院。离村赴校那天，亲戚朋友前来送行，并送糯米饭、鸡蛋、胺鱼供他路上食用。一位60多岁的老者还送来了两双草鞋，并语重心长地说："也不知北京有多远，你要多带几双草鞋，路上才有换的。"当老者听说该生要坐汽车和火车去北京时，他便惊讶地问："汽车和火车比马走得快吗？坐汽车和火车要几天才能到北京呀？"

于是这位年轻的侗族学生带着乡亲们的疑惑开始上路了。他第一天从村里步行走到黎平县城，第二天从黎平县城坐汽车来到榕江县城，第三天从榕江县城坐汽车来到州城凯里，第四天从州城凯里坐汽车来到麻江县谷峒火车站乘坐火车。因为当时从贵州到北京还没有直通列车，湘黔铁路也还没有修建，他只好到广西柳州转车北上。经过两天一夜的火车旅行，第六天来到武汉转车。因当时华北正遭水灾，铁路被淹，火车停开，他只好在武汉停留一天。直至第九天凌晨，这位侗族新生才来到北京。这就是当时侗乡的交通状况！

20世纪70年代，湘黔铁路正式通车，这是穿越侗族聚居地区的第一条铁路。20世纪80年代，枝柳铁路通车，这是穿越侗族聚居地区的第二条铁路。2000年西部大开发后，侗族地区的铁路、公路建设蓬勃开展，黎平机场、芷江机场、铜仁机场也动工修建或者扩建，侗族聚居地区的立体交通网逐步形成。如今，从北京坐火车回黎平，最多只需两天时间，头天出发，第二天就可以到达；如坐飞机，当天就可以到家。地球真的越来越小了！

古代侗族人民传递信息主要靠铁炮、牛皮大鼓或用鸡毛火炭做成的"火急木牌"。汉文传入侗族聚居地区之后，能识文断字的侗族人才开始用书信传递信息。20世纪70年代，从北京寄信到黎平侗寨，至少

要 10 天以上的时间。

如今，家家户户都装了电话，有了电视，许多侗族农民还买了手机或用上了电脑、互联网。国内外的各种信息都可以及时传到侗乡，传到侗家人的心坎上。手机短信、电子邮件、QQ 聊天已经成为当代侗族青年男女们最时尚的交流方式。信息化已经悄悄地走到了侗家人的身边，走进了侗家人的心中。

第二节　高楼林立的城镇建设

伴随西部大开发的号角，侗族聚居地区的城镇建设可以说是日新月异。一位在外地工作并多年没有回乡的黎平籍侗族人最近回乡探亲，当他从黎平机场走下飞机驱车来到黎平县城时，他简直不相信自己的眼睛：这么多的高楼，这么宽的街道，这么多的商店，这么多的车流把他给弄懵了！

昔日的黎平县城，只有翘街及平街两条主要街道，而且都是坑坑洼洼的沙石路或石板路。街道两旁基本上都是些低矮的木头房子，店铺很少。2000 年西部大开发之后，黎平大酒店、黎平汽车站、黎平电讯大楼相继建成，座座高楼如雨后春笋，拔地而起。如今古朴的翘街已经整修一新并成为国内外游客的观赏胜地。平街经过扩建和修整，已经成为黎平最著名的商业街。宽阔平坦的黎阳大道、五开大道、清泉大道等纵横交错。班车、出租车、公共汽车往来穿梭。街道两旁的商店五光十色，顾客川流。休闲广场、南泉广场的鼓楼和花桥伟岸壮观，侗族文化的因子在现代建筑群中显得格外醒目。

三江县城、通道县城、芷江县城、从江县城、榕江县城、锦屏县城、天柱县城等侗族主要聚居区的县城也都在以自己独特的魅力追赶着城市化的历史潮流。明天的侗乡一定会更加美好。

第三节　体恤民生的卫生事业

人是万物之灵，万事之主。以人为本是一切工作的出发点和归宿点。健康的身体则是人类幸福的第一要素。卫生事业则是健康事业的重要组成部分。

古代侗族人信奉鬼神，一旦有病，便请鬼师巫婆前来驱魔或者招魂，即便使用民间草药，药师们也要装神弄鬼遮人耳目。所以直至中华人民共和国成立初期，整个侗族地区还没有一所像样的医院。1958年以后，各侗族聚居县才开始创建人民医院，而广大农村仍处于缺医少药的自然状态。20世纪60年代涌现的“赤脚医生”，也只能为侗族农民兄弟们医治些小伤小病。得了大病，只能是听天由命。

20世纪80年代改革开放之后，尤其2000年西部大开发之后，各侗族聚居地区地、州、县都有了科室比较齐全、设备比较完好的人民医院。一些乡镇卫生院也配备了X光机、心电图机、B超机等现代诊断医疗设备，许多乡镇卫生院还修建了住院楼。与此同时，许多侗族村寨还建起了卫生室，使广大侗族农民有病时在自己的家门口就能得到及时救治。随着新型农村合作医疗制度的普遍实施，侗家人看病难的问题正在逐步得到解决。

更加值得重视的是，随着科学的普及和不断进步，传统的侗医侗药已经开始撩开神秘的面纱并逐步露出科学的真容而受到广大医务工作者的关注。这笔珍贵的文化遗产，必将在科学的普照下发出异样的光彩。

第四节　开启民智的教育工作

常言讲：“教师是人类灵魂的工程师，是太阳底下最光辉的职业。”

如果说医疗卫生事业主要是医治人的肉体，那么教育事业则是拯救人的灵魂。

侗族在历史上只有本民族的语言而没有本民族的文字，所以旧时代的侗人教育，主要是口传身授。民间歌班、戏班都是当时没有围墙的学校。祖父母、外祖父母、父母、歌师、戏师都是当时侗族儿童的老师。汉文传入侗族聚居地区之后，一些侗族村寨开始创办汉文私塾或者学堂，主要学习“四书五经”等汉文典籍，但能入学者都是富家子弟，普通农民尤其是广大侗族妇女，是没有读书机会的。如1941～1948年，竹坪村只有初级小学，学生都是男孩，没有女生。能读到初小毕业的只有三批学生：第一批7人，第二批13人，第三批24人。其中只有2人能到黎平县城读高小。

如今，竹坪小学已经扩展成拥有400多名男女在校学生和10多个班级的完全小学，每年培养出近100名高小毕业生。其中已有50多名大学毕业生或在校大学生。由此可以看出，侗族聚居地区的教育事业已经有了很大的发展。

第五节 不断更新的侗人观念

观念是行动的指南。更新观念才能更新行为，更新社会。侗家人的传统观念根深蒂固，尤其是商品观念十分淡薄。“养牛为种田，养猪为过年，养鸡养鸭为换盐。”这是侗家人祖祖辈辈崇尚的“经济理论”或价值观念。这是长期自然经济束缚的结果。

改革开放之后，侗家人的传统观念发生了巨大变化。尤其是近几年大批侗族中青年外出打工，市场观念和商品意识不断增强。如过去种田种地只追求产量，常常用一亩田能打多少粮食来衡量收成的好坏。现在不一样了，许多侗族农民的眼睛都盯着产值了，他们说：“衡量一亩田收成的好坏不能光看能打多少斤粮食，要看能收回多少元人民币。”这就是观念的转变。

观念一转变，行动也随之发生了变化。如过去侗族农民的田只种普通水稻，不种其他，很难进行产业结构调整。现如今，许多侗族农民也开始学会算账了，什么能赚钱他们就种什么，例如种植有机糯稻，种植有机蔬菜等。这也是观念的一种转变。

有了观念的转变，侗族社会一定会变得更快，更好！

飞向未来——侗族儿童坐飞机去外地演唱侗族大歌 （吴良明提供）

后记

《中国少数民族人口丛书·侗族》终于煞笔了，有几句心里话需要向读者说说。

这本书不是什么学术著作，也不是全面介绍侗族的“百科全书”，它只是根据“丛书”编委会的旨意简略介绍侗族的历史和现状，不求面面俱到，只求精炼、真实、具体，尽可能生动形象，有可读性。根据这个旨意，本人花了半年多的时间，三易其稿，著成此书。好在本人是土生土长的侗族人，又长期从事侗族文化的调查研究工作，积累了许多相关资料，所以写作起来并不十分困难。

因本人见识和全书篇幅所限，本书难以将侗乡各地的精华文化和各种不同意见一一介绍，写作过程中多偏重自己最熟悉的资料及自己认为能自圆其说的观点，难免有些偏颇。如关于侗族的族称和族源问题；关于侗款文化问题；关于侗人习俗问题等。

本书在写作过程中，首先得到了中国人口出版社各位领导、编辑的关照和指导，也得到了杨玉梅、吴远模、石光瑞、陆景川、吴跃军、吴良明、龙月江等人的大力支持，在此谨致谢意！

邓敏文

2012 年 12 月 19 日于北京劲松